許銘文 Ming-Wen Hsu

從地方再生到
地方創生之路

── 文創產業發展邏輯

The Path from Local Regeneration
to Regional Revitalization

── The Development Logic of the Cultural and Creative Industries

雲林上場，
抓住在地化發展的歷史機遇

隨著新冠肺炎爆發，全球不由自主轉向地方發展。以往全球化時代，經由非物質（金融電子空間）和物質流（實體經濟空間）交叉互動，造成金融危機、氣候危機與極端事件不斷交互發生；慢慢轉向永續發展、社會和諧與環境制約等面向發展，展現出可持續的高度「韌性」。

要達到「可持續性」，必然要與當地的條件、氣候、地形、植物、原料、工業和技科相結合，如同植物從土壤中生長，以及歷史性的在地文化從它們自己的基地出現一樣，必須從特定的地方起源發展，也就是說可持續性文化真正基礎就是我們的自我認同。

雲林上場，就是我們對雲林未來發展的高度信心與認同，尤其是在全球走勢從大量消費轉為地區循環經濟。雲林依恃著文化、物產與生態的特殊性要轉為經濟稀有性，雲林要抓住在地化發展歷史機遇，為雲林打造永續發展的基石。

一、雲林寺廟旅遊勇冠全台

雲林是台灣開發最早的地方，北港外海是當時最大漁場，先民為求渡海安全及漁獲豐碩，大都攜帶「海神」媽祖神像與香符作為護身

符，所以臨海北港朝天宮、麥寮拱範宮都是全台最早的媽祖廟。

落腳耕作，為求身體健康及農作順利，祈求王爺庇佑，王爺又稱「千歲爺」，諸如褒忠馬鳴山鎮安宮五年千歲廟、建於西元 1625 年，堪稱全台最早的五年千歲廟。

台灣第一所喇嘛廟於林內白馬山菩提寺，五路武財神廟——北港武德宮、三條崙海清宮包公廟、台西五條港安西府等皆名聞遐邇，擁有眾多信徒。

二、雲林物產種類勇冠全台

雲林位於中央山脈與台灣海峽間一片沃土，濁水溪、北港溪橫梗其間，孕育出各式農特產美食，諸如古坑咖啡、台西文蛤、口湖烏魚子和台灣鯛、西螺醬油、北港花生和麻油、大埤酸菜、水林蕃薯、莿桐蒜頭等。

這些農特產通常和當地歷史發展有著特殊連結，諸如水林舊名「水燦林」或「水賊林」，因顏思齊率領漢人登陸開墾，有「開台第一鄉」之稱，屬海埔新生地土質；特別適當種植蕃薯，其中台農 57 號品種黃金蕃薯相當有名和好吃。

三、雲林民俗多元勇冠全台

雲林就在台灣最西邊、面海而生，於未知中求生存，大海既塑造了雲林人務實耐勞、勇於冒險的性格特點，也賦予了我們對於人生「盡人事、聽天命」的豁達態度。既然人生際遇比大海還要變幻莫測，既然「無常」才是「日常」，那麼「人生海海」歡喜就好。

這種開朗豁達態度，造成雲林民俗特點，諸如西螺七崁武術、虎尾布袋戲、北港迎媽祖、褒忠吃飯擔，反映著大陸南方百越族傳統習俗的演變與現代化。

　　本書作者許銘文博士曾在雲林縣政府任職多年，經歷了工務局長、計畫室主任及工商策進會總幹事等職，由他娓娓道來古坑咖啡發展緣起緣滅的傳奇，格外真實精彩；爾後更曾擔任財團法人台灣建築中心執行長乙職，由他來詮釋，全球經歷「2008 年的金融危機」、「2018 年美中貿易戰」、「2020 年的 COVID-19」後的世界轉變──跨國城市群島效應消退、城鄉交流再度強化、地方又找到發展的歷史機遇等等，這一切因應與對策許博士皆有其精闢觀點。

　　時序在邁入全球化退卻時代，「輕、薄、短、小」的地方文創業更顯價值所在，這種與自然共存的生產與生活型態，成為二十一世紀「贏的策略」，同理雲林地方文化產業如何深化內涵與活動創意，將成為未來發展的關鍵課題。

雲林縣縣長

張麗善

後全球化時代地方發展策略

　　這是一本從事地方文創的單位，或希望主導自己人生文創領域願景的人，都應該「拜」讀的書。

　　自上世紀 70 年代起，幾乎以十年為週期就有一次大變革，諸如：冷戰終結、亞洲金融風暴、911 事件、網路泡沫、美國金融危機、covid-19、美中貿易戰等，引發的經濟危機，造成製造產業由西方向東亞移轉，進而形成不同時代及型態的產業變動，也使得傳統思維在很短的時間中就不合時宜。因此，不論地方或個人如何在經濟活動中吸引或創造流動的資源（即投資），以獲得新的收入與未來，成為地方再生，甚至是每一個人的首要任務。

　　而在這本書中，作者舉出了許多顯而易見，但卻是多年知識、經驗和智慧的解方，譬如就城市策略而言，主要如下：第一、舉辦世界性運動賽事，並建造標誌性建築；第二、發展服務產業，諸如：金融、時尚等；第三、致力成為產業鏈節點，強化基礎設施、鬆綁法令；第四、文化資本化，鏈結資本與文化、歷史感和節慶活動，並互相組合。

　　至於鄉村的策略，則須聰明地運用地方文化符號造成文化商品的設計轉化，並結合相關的民俗活動，擴大戰果。

　　二十一世紀以後，全球化與智慧化結合的時代開始，一方面為及時掌握了機運的人創造了難以想像的財富；但另一方面卻產生兩極化

的現象。尤其是在 2008 年之後，平臺經濟成為一種能夠提取和控制海量數據的新商業模式，更加遽極化現象。在這個變革中，先是商品價格的競爭，加上勞工價格的競爭，但是因為勞工與僱主之間創造價值的關聯轉給了自動化及人工智慧軟硬體的開發，造成許多人生存的困境，不婚化、少子化、失業、啃老、窮忙……各類社會問題接踵而來，也使得當前如何另謀出路，創造未來，成為地方及人生開展的基本任務。

就城市而言，多以服務業為基礎。但是由於各城市在稅收減免、財政補貼、基礎設施改善、老工業區空間更新，以及通過節慶和地區推介活動樹立新形象等方面都採取相類似的策略，城市之間同質化現象也因此越來越嚴重。也有些城市出現了高比例的「創意人才」(creatives) ——科學家、設計師、工程師、大學研究人員、專業人士和藝術家，經由第四產業取得高經濟增長率，而逐漸成為創新的熱土，這就是所謂「創意城市」(creative cities)。

就鄉村而言，一方面現在社會實體接觸愈來愈少，虛擬社群與遊戲軟體成了個體重要的一部分；相對應的、實體的觀光旅遊則成了人們尋求真實與自然的方式，而文創產業即是箇中經濟價值最高的「場域」。

這些改變背後的脈絡，乃是從物質邏輯轉向了關係邏輯。物質邏輯發展會導致物質與技術的相似性，最終會帶來了價格競爭。關係邏輯，人們通過物質週邊的關係看到文化與自然的價值，追尋無形的財富，關於這點，作者在第九章第六節有精彩的描述。

所謂「關係」，係思考人類、自然、社會之間的和諧與互利，也給了我們組合利用各種時間、空間、記憶、歷史、文化、台灣和世界

之間關係的各種機會，而不再只限於物質的生產。至於如何做？其實需因時、因地、因人制宜。不過永遠不應該忘的初衷——人們對幸福生活的追求，應建立在自然和社會的和諧之上，並擁有充實、平靜的心靈。

　　本書作者企圖心有點太大了！試圖結合治理理論的宏觀視角與微觀的消費文化行為，經由一個從去工業化到資訊時代，如何評量自身條件，以做出戰略選擇，並尋求全球體系位置，甚且進而影響政治、社會與環境的過程，作為個人及地方文創產業全視野的啟蒙，是本書最為精闢，但也易讀難通之處！

　　地方文創產業在這個時代，不僅僅是發展地方特色，更是每一個在地人內心情感認同與喚起自我存在意義的探索 (這是我個人對作者寫這本書的詮釋)，雖然細膩、敏銳又獨到，卻需要知音來共鳴，進而讓社會共同受惠。

　　註：許銘文博士在雲林縣擔任工務局長時推動的「古坑咖啡」，就是最具體的地方文創實踐例子。

中山大學榮譽講座教授
國立海洋生物博物館創館館長

地球倫理路徑：
重現極小與極大的和諧發展

新冠肺炎的大流行，令全球七十億人被迫必須滯留於家中。這個比 2003 年全球 SARS 的疫情，更加全面而廣大的影響，讓更多的人停止轉動，使地球的運動方式產生了重大的改變，這明顯就是一種全球化的「蝴蝶效應」。

歷史上每次的空間革命，總是會帶來機遇也帶來風險。蒙古人西征促進東西方貿易，威尼斯為其成果的獲取者，而成為當時歐洲的金融中心；卻也為歐洲帶來黑死病，據信奪取三分之一的歐洲人口。15 世紀末，西班牙殖民美洲，為當地印安人帶來了天花，美洲人口從六千萬減少到五百萬到六百萬，連氣候都受到影響。

新冠肺炎疫情彷彿全球金融海嘯般，改變了我們的社會系統，甚至有過而無不及。也就是說：我們社會結構的重心，從原本人與人面對面接觸為前提的實體經濟活動，轉變為以網路交易、線上支付為主的虛擬經濟模式。而且，這種社會結構的轉變是不可逆的。

這些活動包括，金流、物流、人流，都是透過 ICT 來強化，彌補其中的不足，使其運作更有效率，地球似乎變成流動體。

但另一方面，人們移動與面對面受到限制，政府要求大家自律，盡量避免外出，以及群眾集會的自由，地球似又從流動退卻？！

在這種「加速──減速」、「流動──固定」、「虛擬──真實」事物都網路化，真實關係被網路取代；但另一方面，個性化、地域化、實體化的原生性特質卻益發不可取代。

日本星野集團（Hoshino Resorts）在新冠肺炎疫情的衝擊下，推出「微旅行」（Micro Tourism）的行程，星野集團將其定義為：「相對於遠方或國外，這是在避免三密──密閉空間、人群密集、密切接觸──的狀態下，前往鄰近地區渡假的一種旅行型態。從住家到目的地的距離，車程大約三十分鐘至一小時，除了令人感到安心、安全，也能成為深入了解在地魅力的一大契機，為地區經濟貢獻一己之力。」

微旅行有三大重點，分別為「地區觀光旅行」、「重新發現在地的魅力」、「與在地人們緊密結合」。

顯而易見，隨著經濟結構的變化，解決問題的空間單位已經轉到「地方」的領域，從這一點來看，地方化將成為無法逃避的課題。

如果說以工業化、訊息化和金融化為核心的「擴張和增長」時代是從區域起飛的時代，那麼今後發展方向就是向區域著地的開始。

這樣的型態，與我在 1980 年代所提出「地球化」的思想一致，這思想也是想消弭「全球化」將世界抹平的作法。因為不當的全球化，將使地球的多元文明遭受到強力的抹平，所有的資源也將更被少數人掠奪。而「地球化」是以重現二極的和諧發展：一是「極小化」，乃是對每一個微小區域文化的尊重與發展；二是「極大化」，是以每一個受到尊重而具力的區域文化，而開展地球的全新文明體系。因此，尊重每一個國家、地區的文明，從而和諧地發展地球文明，使地球不再被「全球化」剷平，而且開創原有世界的立體與多元的型態，開創

地球的新文明。

　　這不僅是一個現實，也是一種思維方式——從物質生產的外部擴張轉向內在和文化的發展——密切關注地球上各個地區的獨特性和文化的多樣性，同時深入背景和結構中，理解這些多樣性是如何產生和發展的，這將是重建地球倫理最重要的路徑！

　　在這本《從地方再生到地方創生之路——地方文創產業發展邏輯》中，我看到了許銘文博士以博大理念與落實在地的再生與創生；這是一個真正思想與理想的實踐者。

　　謹以此序向許博士致敬。

中華大學講座教授

洪啓嵩

酷台灣形塑

從台灣燈會、宜蘭童玩節、古坑咖啡節、屏東黑鮪魚節到中國
2008 年夏季奧運、2010 年上海世博、2022 年冬季奧運，以迄日本
2020 東京奧運，甚至東北「奧之細道」旅遊等，無一不是充滿歷史
文化氛圍的活動，儼然成為 1990 年以來各國地方經濟轉型的重要手
段之一，一種透過共同傳統和集體想像的資源來創造公共利益。

文創產業為什麼成為全球化迄今地方經濟振興利器，從一般創意
小禮品到「千年穹頂」奧運會，從台灣的「創造城鄉新風貌」、「地
方創生」到日本「魅力型經濟」soft power，台灣到亞洲，東方到西方，
無不皆然，本書試圖借用經濟地理學家大衛・哈維（David Harvey）
的「不平均的地理發展與空間的製造」理論去解釋箇中的奧秘。

地方再生發展

大衛・哈維於 1989 年提出「時空壓縮」（Time-space compression）
的概念，運輸與通訊科技技術的發展，有助於跨越愈大的地理空間的配
送和活動的分散化，以致於國際勞動之戲劇性的突變，因而帶動群聚
經濟地理的集中化，區域經濟形成不均衡發展的寬鬆連結拼接體。在
這個拼接體裡，一些區域往往變得更富有，而貧窮區域變得貧窮。

同時間，共產主義的垮台引發了西方關於歷史終結與意識型態終結的討論，但意識型態並未消失。只不過，勝利的新自由主義已經變得無所不在且無所不包，其他的意識型態被壓制了，文化自然而然產業化，也就是法蘭西斯‧福山（Francis Fukuyama）所說的「歷史的終結」。

因此，地方的發展機會是在經濟再結構中透過產業介面的配置聯繫到全球化的脈絡中。第一種方式，致力成為某種特殊產業分工的地位，於是提供各種誘因企圖吸引全球投資；但如果一個地方未具全球或區域經濟網絡節點位置，則須依賴地方文化特色的運作來提升在全球網絡的聯結力。

地方創生肇啟

然而為了使全球資本主義能夠滿足不可阻擋的增長需求，必須對新生產利潤進行穩定的再投資，並開發新市場，從而避免資本的過渡積累，這在 1990 年代是由原本社會主義國家 17 億人口來提供生產與市場。到了 21 世紀，尤其是在中國 2001 年加入 WTO 之後，全球化意味著新的擴張機會已經幾乎不存在了，無論在亞洲還是西方，似乎只剩下壓低工資的方法了。

結果產生了剩餘資本的過渡積累與維持增長的消費缺乏之間的不平衡。針對這一結果的解決方案是以信貸形式提供「虛擬資本」以刺激生產，因此美國次級抵押貸款市場的發展產生了全球危機，貧窮的買方和投機開發商都依賴於過渡債務。儘管為了投資而借貸是合乎邏

輯，但不投資於生產而投資於股票和債券、期貨、衍生產品與商品，成了一種強烈的誘惑，為此價值由競爭性需求產生並且受市場情緒支配，利潤成了空氣，引爆了「美國金融風暴」。

後 2008 年世界圖像，數位化社會效應：零工經濟、高齡少子化與虛實世界整合；全球化社會效應：貧富、醫療、環境分化。休閒成為後現代世界的產品，知識成為後現代世界的產業，地方藝術、文化、創意成為剩餘資本的新市場？！

這種情形在美國發動全力圍堵中國的「一帶一路」帶有物質基礎的市場後更為鮮明，所以日本在 2014 年推動「地方創生」政策，台灣宣示 2019 年為地方創生元年。

因為全球各國藉由連結，開始趨同，走向競爭，最後導致紛爭。其中關鍵在於知識激增，二十世紀與二十一世紀最大的不同點，在於科技的流動，所以美國必須控制科技的流動而造成「美中貿易戰」；而其他國家必須藉由地方特有的「差異性」創造出競爭力。

幾乎同一時間，數位科技物聯網（IoT）隨之而來的發展，帶動 AI 數據資訊以及 3D 加工生產方式，製造業悄悄轉型為「智造業」，以大型生產轉為以使用者為核心的經濟模式，全球分工從全球化到跨國全球化，再到區域化與地方化。

誠如上述所言：文創產業發展是為了填補製造業衰落造成的空白，所以其推動機制也與工業時代大不相同。

工業社會治理主要體現在福特主義（Fordism）、社會福利國家主義（Welfarism）、凱恩斯主義（Keynesianism）三大基礎上。蓋工業科技的集中化力量創造出兩項大規模運動「城市化」以便將勞工集中到中心區域；「國家化」以便對貿易進行經濟控制，對抗外國競爭

勢力，以及對人民、資金與原料進行中央集權式的控制。

　　隨著城市發展、用水、交通、衛生、住宅……等問題，教堂等傳統機構已經無法輕易解決社會問題；甚至經濟問題已經到了無法僅僅通過市場力量和社會互動來解決的程度，很有必要採取一些公共干預措施，諸如赤字財政（deficit financing），政府讓公共支出超過稅收收入，以刺激經濟走出低迷，並保護民眾就業。

　　可是到 1970 年代，大規模生產不斷擴大導致經濟全球化，其次社會消費模式逐漸轉向多樣化的使用價值，這樣的趨勢與發展出來的資訊科技相結合，整體經濟呈現出來的特點就是流動性。

　　去工業化的結果，導致稅收在 GDP 佔的比率不斷下降，其結果就是公共服務的規模開始縮減，服務目標也更具選擇性，對工業活動的控制得以減弱，工業出現去國有化，稅收重點往富有階層發生轉移，國家強調通過警察和法院來進行社會控制，政府通過限制自己的經濟管理作用以保持較低的通貨膨脹。

城市治理模式從管理主義轉向企業主義

　　地方政府對本地經濟發展的參與越來越高，地方政治行動得以擴展，公私部門合作關係得以升級。因此，政府並非通過自己的機構來實現所有的目的，而是越來越多的讓非政府組織通過各類網絡、公私合夥關係（PPP）、私人融資計劃（PFI）等計畫項目來幫助提供公共服務，文創產業推動機制就是通過公私合夥來實現。

　　1980 年代藉由自償性財務方案 BOT 來推動公共建設，1990

年代逐漸推動非自償性財務方案 PFI 來改善基礎建設，2020 年 COVID-19 造成經濟危機，政府改採擴張貨幣發行，強化社會福利等措施，政府治理模式又可能再次更迭？！

因為，對社會言，藉由中央銀行施予援手，支撐經濟一路發展，似乎不能減少貧窮，反而加大貧富差距；對個人言，新冠肺炎危機讓很多人能夠思考「對自己來說什麼最重要」，跟家人和自然的聯繫是最重要，幸福就是每一天小確幸的積累。

這種心懷共生、共鳴、共善，通過自律變得更好，正在取代以往藉由經濟槓桿作用使需求不斷加大的社會。

正因如此，如何實現地方文創產業，日本知名建築家伊東豐雄提出「從經濟的豐盛往心的豐盛」轉換（伊東豐雄著，謝宗哲譯，2018 年），具體作法有下四點：

一、回復和自然的關係
二、找回地域性
三、繼承土地固有歷史文化
四、重新創造出人們的聯繫和社區的場域

也就是不同的生態衍生出不同的生命形式、不同文化。文化、生命形式與棲息地的共同演化，創造與保存了地球的多樣性。

本書發展演繹，如下圖所示：

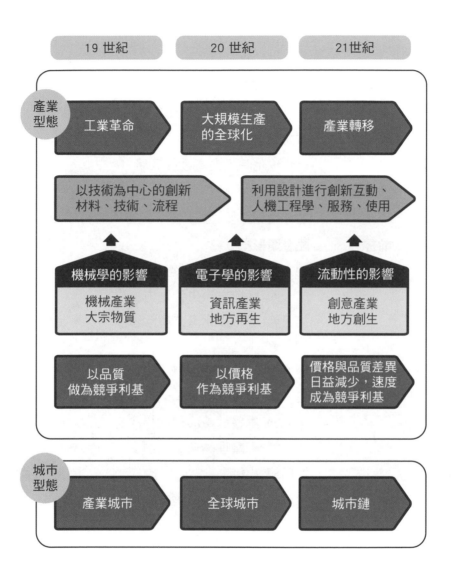

圖 0-1 產業創新演變圖

(資料來源：作者整理)

目錄

第一章

地方文化產業演繹與意涵

從全球化到後全球化，在追求物質富足的過程中，人口不斷向大都市集中，由於大量生產體制造成金融危機、瘟疫叢生、氣候變化等新的問題接連不斷，新自由主義似乎已到了「走投無路」的困境。

重建地球倫理路徑：回歸自然，從經濟的豐盛往心靈的豐盛轉換，聯合國可持續發展目標 SDGs 應運而生，成為世界共同努力的新目標。

第一章
地方文化產業演繹與意涵

第一節 從地方再生到地方創生

壹、從地方再生到地方創生

　　1980 年代放鬆金融管制，開啟全球瘋狂的流動，一個以地景或文化為核心的地方發展策略於焉形成，稱之為「地方再生」。

　　文創產業的發展與近五十年全球經濟轉型有著密切的關係，英國於 1980 年代首先提出「文化創造財富」的構想，1989 年的「創意產業」、1992 年「酷不列顛」等政策，現為僅次於美國的世界第二大創意產品生產國。

一、去工業化與地方再生

　　美國好萊塢、印度寶萊塢、韓劇以及日本動漫作品在世界市場占 60%以上，而中國則是世界最大電影市場，媒體大亨梅鐸（Rupert Murdoch）為了發展中國市場，甚至娶了個中國太太鄧文迪，文創產業成為世界各國回應經濟全球化重要手段。

　　回顧全球經濟發展史，1970 年代美國由於越戰及兩次石油危機發生，通貨膨脹與失業問題困擾蔓延至 1980 年代。經濟萎靡導致財政收入減少，財政赤字迅速擴大，政府資金需求擠占市場需求，出現

「排擠效應」，利率不斷上浮，高利率刺激海外資本的湧入，最終導致美元走高。

雪上加霜的經濟與經營環境，為了降低市場需求，美國製造業只能大幅裁員和減產。同時，利用美元處於高位的時機，他們紛紛把生產重心移向海外。更糟的是，美元保持高位，使得出口商品的國際競爭力大為削弱。

經濟低迷、高利率、美元走高，導致美國的財政與貿易雙雙出現巨額赤字，却也有利於大量進口廉價商品維持美國人生活水平。換言之，通過金融化實現更美好的生活，其後遺症只增加美國國債帳目數字而已，並未損及美國霸主地位。金融全球化，成為世界新秩序。

資本全球化和金融創新，推動訊息產業發展，從 PC 到 WEB 的技術平台，將資本主義的迫切需求推向新的行業，並在全球範圍內重組生產，所以美國知名傳播學者丹‧席勒（Dan Schiller）說：「WEB 與其說是民主解放的奇妙工具，不如更貼切地說是跨國公司和美國政府用以擴大其經濟與社會權力的攻城槌。」（Dan Schiller，2018）

在此同時，去工業化對策，為了填補製造業衰弱造成的空白，將藝術與遺產重新包裝成一種新的經濟現象，成為「文化與創意產業」的一部分，城市再生與街區更新躍上歷史的舞台。

在知識經濟時代的發展過程中，一旦所有地理經濟因素被克服後，空間、藝術及文化便成為當代最重要的差異所在，使得空間及藝術文化不僅被欣賞，也被消費。

再加上以空間為表現型態的城鎮地貌及都市意象難以複製，使得以空間為核心的生產活動，成為知識經濟附加價值最高的類型之一，而空間便逐漸在城鄉發展過程中，形塑出新的發展。其中，空間更

以其地域特殊性，使城鎮地貌及都市意象得以回應全球化普同性的挑戰，為城鄉發展形塑出競爭優勢的空間（李永展，2006）。

　　這種界定地方特性（勞動力、行政、地貌、人文......）作為追求競爭的因素，以茲因應全球化變化，或稱之為地方再生（Regional Renaissance）。

圖 1-1 地方再生的演繹（Ⅰ）

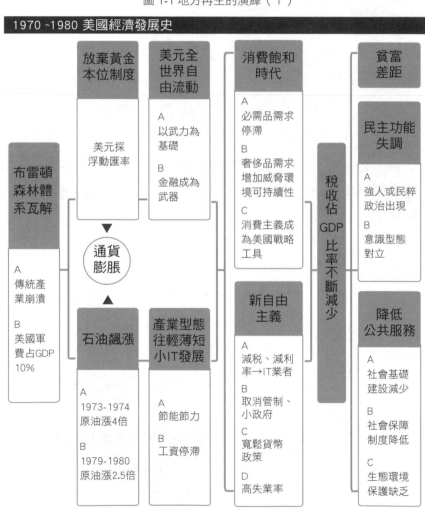

（資料來源：作者整理）

圖 1-2 地方再生的演繹（Ⅱ）

1980 ~ 美國經濟發展史

資金自由流動

A 油元回歸美國

B 中國加入世界市場（FDI占GDP40%）

C 美國利用金融資本維繫霸權

資訊科技

共產主義瓦解

美元貶值

1985年簽訂廣場協議美元對日幣貶值，增加競爭力

生產全球化

A 廉價勞工加入勞動人口（17億）

B 運輸成本降低（貨櫃標準化）

經濟
經濟全球化

A 金流、物流、人流

B 2001年中國加入WTO

政治
新保守主義興起

A 2001 九一一事件開啟新保守主義

B 經濟：自由放任，不惜動用軍事力量排除「干預」

C 發生2008全球金融海嘯

D 領導兩極化：強人與民粹

新經濟

先進國家

A 社會競爭窮兇惡極，利用金融性衍生產品一夕致富

B dot.com 崛起與失敗，揭示「虛擬」資本無法兌現本質

C 國內失業率居高不下

D 國家資產價值暴漲

新興國家

廉價勞工→大量生產→通貨緊縮→輸出廉價商品→賺取大量外匯→輸出廉價資金

先進國家經濟空洞化

A 高附加價值產品輸出(保留專利技術與授權法規)

B 美元對各種貨幣貶值，提高出口競爭力

C 藉由海外生產利潤匯回美國

D 大量發行金融衍生性商品

E 強迫推銷毀滅性武器

▼

全球工業預期利潤下降

▲

新興國家經濟增強

A 工資上漲

B 成本未計入碳排放

C 城鎮快速發展

地方再生

A 文化與傳統

B 都市更新

治理
全球環保運動

A 1988年IPCC成立

B 1992年通過UNFCCC

C 1995年於柏林召開COP1會議(第一次聯合國氣候變化大會)

D 1997年於京都召開COP3會議

E 2015年於巴黎召開COP21會議

F 2021年英國格拉斯哥召開COP26會議

綠建築標章的建立

A 英國BREEAM（1990）　B 美國LEED（1996）
C 台灣EEWH（1999）　D 日本CASBEE(2002)
E 中國綠色三星認證(2006)

註一：1980 年以來的全球化，發達國家主要從事金融與科技產業，發展國家主要從事生產製造業。

註二：各國之間的收入分配變得更加均衡，但國家內部的不平等愈演愈烈。有機會獲得資金的人可以利用新的機會獲得豐厚的收益，但靠工資度日的勞動者往往發現，他們不得不面對遙遠國家的低收入勞動者的直接競爭。

註三：大城市分得大部分紅利，小城鎮卻萎靡不振。

註四：各國政府在很大程度失去了對本國經濟的控制，企業選擇政府的結果，引發稅率的國際競賽，並導致政府稅收不足，無法資助工人應對就業動盪的教育與社會項目。

二、全球化與地方創生

2008 年美國金融風暴過後，全球化流動速度開始放緩，這種現象《經濟學人》稱為「慢球化」(slowbadisiation)。原本衰頹的邊緣地區卻意外成為全球化極化的「逃避場域」，吸納全球化失業人口，稱之為「地方創生」。

全球化與智慧化結合，一方面創造難以想像的財富；但另一方面卻產生極化現象：階層、地域與全球的分化。

金融全球化、生產全球化、經濟全球化接踵而來，自 20 世紀 70 年代以來，不僅生產率的增長放緩，而且工資增長的步伐甚至落後於本已放緩的經濟增長。美國經濟學者安妮·凱斯（Anne Case）指出：在 1979 年以前，工人報酬的增長與生產率增長同步，但從 1979 年到 2018 年，生產率增長了 70%，時薪僅增長了 12%（Anne Case & Angus Deaton 著，楊靜嫻譯，2020）。

因之，隨著經濟增長率的下降，將不太成功的群體完全排除在利益分配之外的壓力也越來越大。自 1970 年以來，經濟增長的紅利主要流向了那些已經富裕起來群體，尤其是那些在最上層的人，特別收入前 1% 的社會名流，這些人更有能力捍衛自己的應得利益。

較低的生產增長加劇了對資源的爭奪，促使各個團體都有強大的動力進行遊說，以便為自己爭取更大份額的利益，這種貧富差距擴大現象，戕害政治正常發展，2016 年美國總統大選川普當選最為鮮明的例子。

伴隨人、物、金錢、訊息的流動性增強，其結果：除了貧富不均的問題外，環境與安全衛生議題也逐漸端上檯面。

根據聯合國統計，到了 2014 年全球有 54％人口在城市，有 25 個城市人口超越 1000 萬，超過百萬人口城市則不計其數，城市生態容受力，沒有城市能夠依賴其行政界限內之資源維生，透過貿易挪用其他地區容受力，因此隨著城市放大，環境汙染、公共衛生與治理，成為廿一世紀世界共同面臨的問題。

　　在另一方面，科技正以驚人速度進入所謂「知識經濟時代」，創新儼然被視為最重要的工作能力，但這代表著工作變革已悄悄地展開，原有的工作型態將逐漸瓦解。

　　最重大的創新包括自動性的出現，精細且具預測能力的演算法，以及能力越來越好的人工智慧。這些工具不僅改變了人們的工作方式，而且逼使我們不得不去挑戰工作本身的概念。

　　科技為我們創造出另一種工作系統，以客戶評價為動力的市場，零工經濟的出現讓人們削價競爭，為了沒有保障、沒有福利的工作搶破頭。

　　這個高度複雜的科技系統，要想就業賺錢，首先需要對人們進行長期的持續的教育投資，是造成少子化的根本原因。同時，這套系統應用，又可使人們活得越來越健康，形成了高齡化社會。

　　在這種背景下，城市與偏鄉都面臨高齡少子化，導入年輕人加入偏鄉在地工作，創造地域生活與產業持續發展的機制，成為地方創生的主要任務。

　　所以，所謂地方創生就是要將 AI 人工智慧技術與當地人文、自然資源結合，創造新的風貌與產物 (或是重塑，或是虛實整合……)。同時生活方式與自然節奏結合，其週期受季節、太陽、月亮主導，擺脫連續生產模式。從小處著手：吃當季、當地產的蔬菜，從本地的農

家採買食材，並將這種生態消費方式帶到科技平台上，藉由消費選擇影響社會走向。「地產地銷」從食物鏈、產品供應鏈以迄能源鏈為未來發展趨勢，強化韌性也是地方創生追求的目標之一。

因為，在 1970 年代後半至 1980 年代，人們開始察覺到地球正在變暖，但要到 1990 年代才漸漸明白，這種被稱為「地球暖化」的現象，是因為人類的產業活動造成二氧化碳（CO_2）等溫室氣體增加所致。

如果 CO_2 再以這樣的速度繼續增加，地球會變得愈來愈暖和，最後將導致北極和南極的冰層融化，作物因乾旱而歉收，連動物都無

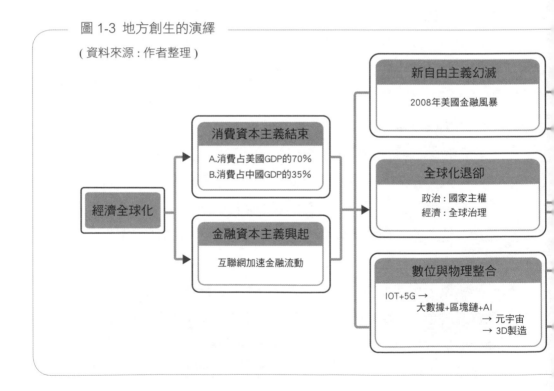

圖 1-3 地方創生的演繹

（資料來源：作者整理）

法生存。因此，聯合國將其列為「永續發展目標（SDGs）」之一。

註一：21 世紀起，製造業在世界總產出的比率，從顛峰往下滑落，2002 年占超過
　　　17%，2010 年為 15%，主要原因產品大量交易使其價格相對來説下降了。
註二：從 2008 年起，世界發展趨勢：「物質」讓位於「服務」，其原因如下：
　　　第一、全球人口老化
　　　第二、產品有服務化趨勢，如 iphone 手機就是一例。
　　　第三、資訊科技和 3D 列印讓客製化變得容易，購買者獲得所需的產品特性，
　　　　　　結果大型工廠規模經濟變得不像以前那麼重要。

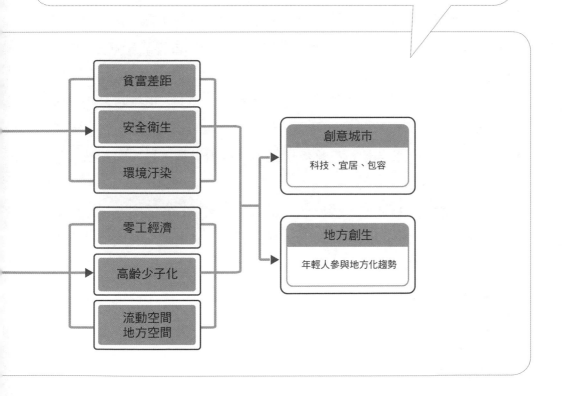

貳、 文化創意產業特性

文化創意產業是文化驅動經濟而非經濟驅動文化，這是一種依賴於創造性操縱性標誌符號、圖像和想法的經濟。

一、文創產業是一種代碼經濟

依據英國前首相布萊爾在《第三條道路》乙書中提及：「訊息技術已經發展到可以談論『一種動態知識型經濟』──這是一種不再製造事務，而是依賴於創造性地操縱標誌和符號、圖像和想法的經濟。」（Tony Blair，1998）

因為資訊科技的特質是「一切都在流動，沒有什麼是成品，沒有什麼算完結了。這種永無止境的變化，就是現代世界的主軸」（Kevin Kelly，2017）。

持續流動，不僅代表著「事物會變得不一樣」，也意味著──流動的工具──現在比成品更重要。所以，Charles Leadbeater 説：「知識的產生、應用和開發正在逐步推動現代經濟增長。我們大多數人都是從空氣中賺錢。」

文創產業是經濟的一種形式，引入了一種新的價值觀念：象徵價值，超越了經典辯證的使用價值與交換價值。文創產品的使用價值不是用貨幣表示的，而是交換價值代表它的價值，它可大可小，這取決於每個人及其處的社會背景，但它會比交換價值（產品價格）高出許多。

文創產業雖然由個體享受，但是一種利用共同傳統和集體想像的資源來創造公共利益而非私人利益的相互創造。

二、文創產業是一種「第三條道路」？！

文創產業可說是新自由主義和新保守主義結合的產物，也是倫敦政治經濟學院院長安東尼・紀登斯（Anthony Giddens）所稱的「第三條道路」。

文創產業是在 1980 年以來各國奉行自由市場和反對干預機制下，唯一由國家提供公共資金予以支持發展的產業，所以前英國首相布萊爾說「這是第三道路」，因為它決定性超越了由於國家控制、高稅收和生產利益而憂心忡忡的老左翼；而新右翼則將公共投資，並且往往是將「社會」這一概念本身和集體的努力，視為要予以消除的邪惡之物。

布萊爾甚至認為：社會、教育和文化資本的不平等分配，不僅導致進入市場不平等，也導致進入藝術與遺產的不平等。雖然很少從這些術語來表達，但文化——在形式上被理解為藝術和遺產——一直有一個社會目的，證明政府扶持和干預的合理性，儘管這是依據臂長原則（the arm's-length principle）進行的。

三、文創產業是在地對全球一種回應

在全球化過程下，世界各地開始被整合與穿透。特別是伴隨資訊化衝擊，塑造出一種全新的空間向度：「……這種全新空間邏輯形塑的特徵在於：新的資本積累、生產組織、市場整合，以及訊息溝通與世俗權力運作的過程……這種空間邏輯的特徵是由流動空間（space of flows）所主導」。但是，這種空間邏輯並不是當前社會唯一的空間型式，而只是一種主導型式。同時，「……就如同歷史的一般法則，

地方空間（space of place），則是一種日常生活組織的領域型式及大多數人類所體驗過的型式。」（Borja & Castells，1997）換言之，流動空間與地方空間同時並存，兩者都表現了矛盾的社會利益。

　　無庸置疑，流動空間是資訊社會的支配式空間型式，因此基於地域性的現代主義建築是具有歷史根源之文化的表現，確認了對進步、技術與理性的信仰。相反地，後現代建築宣告了一切意義系統的終結，從橫跨歷史、風格濃厚的刺激中，找尋形式的和諧。

　　事實上，大部分後現代建築的所作所為──幾乎可以說是相當直接──表達了新的支配意識型態：歷史的終結，以及地方在流動空間裡的廢棄，因為我們唯有置身歷史的終點，才有可能混合先前一切所知的事務。因為我們不再屬於任何地方、任何文化，這種極端版本的後現代主義，才能將其符碼化了的破除符碼邏輯，硬套在任何地方的建築物上。看似解脫了文化符碼，其實暗藏的是逃離有歷史根源的社會。據此觀之，後現代主義可以視為流動空間的建築。

第二節　地方文化產業概念意涵

　　所謂地方文化產業，是否是地方傳統農漁牧業、土產、特產或是觀光遊憩業，直接加上文化的包裝即可稱謂；抑或是當地產量最多的作物？或是相對於其他地方最特殊的作物？如何能成為當地地方文化產業，本節針對這些問題擬透過相關文獻先探討以尋求解答。

壹、　地方文化產業意涵

　　David Harvey 指出：「一地的『文化』理念之所以越來越和這些確保壟斷力量的嘗試糾結在一起，正因為其獨特性真實性的宣稱，可以最好地展現為其特殊且無法複製的文化宣稱。」

一、「地方」、「地方文化」、「地方文化產業化」意涵

（一）「地方」是什麼？

　　文化地理學者把「地方」定義為：個人與群體的地景建構。個人是依賴地方感來界定自我的歸屬與認同，地方是人與社區之間長期共同經驗的支柱。空間的過去與未來，連結了空間內的人群。生活聯繫凝聚了人群與地方，讓人能夠界定自我與他人分享經驗，組成社群（胡寶林，2006）。

　　地方不僅是一組累計的資料，而且是牽涉不斷對生活客體重新思索及表現意向性的意義。換言之，客體和事物的意涵遠勝於表象，而擁有深層的意義，這種觀念也經過發展，用以思量事物的本質（Mike Grang 著，王志弘等譯，2005）。

所謂「場所精神」，就是地方獨特精神。這常用來指出人群對於地方的經驗，超出了物質或感方的性質，並能感受到具對地方精神的依附。如果地方的意義超越了明日可見的事物，進入了情緒與感覺的領域，可能是求諸文學或藝術的方式才更能表達這些意義。誠如 Miles Malcolm 所言：「地方不僅只有實質得空間向度，同時也是一種心理向度。」（Miles Malcolm 著，簡逸珊譯，2000）

（二）「地方文化」是什麼？

因此，當我們談到「地方特色」或「地方文化」時，通常會用「風景」與「風情」這兩種詞彙來表達。前者似乎單屬自然景物，而後者卻傾向社會文化之整體型態。然而這樣現已受到質疑，至少在文化地理學討論中，兩者已被視為一種，牢不可破。他們認為風景意念離不開人文演化，甚至自界所謂物換星移，也絕非純粹自然而然之存在。其實風景本就是風情，介乎地方與觀看態度之間，景觀與觀景之間。

風景與風情都代表地方特色，也是人類族群對其生存空間，經過長時間累積下來的一份感情。所謂物華天寶、人傑地靈，所有文化都通過恆久的符號或標誌，賦予地方某種靈性或「地感」（genius loci）。此中的「建構」過程固然體現於例如中國長城、羅馬競技場、埃及金字塔等名勝古蹟。但就算事自然風景，例如雲南的石林，其中幾乎每一個景點都被彝族人加以神話化，因應其獨特山石型態被加諸一連串阿詩瑪愛情故事情節。可見風景亦是意識型態之一種，具體特定意義的空間，經過選擇、爭論、妥協之後成為文化產品，最後經由社會想像的調塑而被放入框架。風景不單只意味人在土地上所付出的勞力，本身更能影響以至改變人類之工作（王建元，2003）。

（三）「產業化」是什麼？

地方文化產業化的意義在於經由市場的運作，讓地方文化與商業結合，改變文化與人之間的社會關係（吳思華，2004）。換言之，即藉由地方文化的稀少性與特殊性的魅力，所衍生出的文化商品及其他經濟活動，以創造文化的經濟效益。

地方文化產業化的發展大致可分為「文化產業化」與「產業文化化」兩種方式。前者是將在舊傳統資本主義之利益導向發展模式下，被忽略或甚至被犧牲之地方環境、傳統、特色等文化資源，重新賦予生命力，並藉創意、想像力、與科技之助予以恢復、重建、或再造，並加以適度包裝成為文化產品，而發展成兼具文化價值與經濟效益的「文化產業」，諸如雲門舞集的舞蹈、琉園的玻璃藝術，即可見一斑。

至於「產業文化化」則是將原來工商導向的掠奪式、入侵式、剝奪式的產業型態，以及失去競爭力與經濟價值之傳統農牧漁礦、手工藝的初級產業型態，轉型為內發性、建設性與創造性的產業型態，除了部分產業必須捨棄之外，原本的許多產業均可因注入豐富的文化內涵而提升附加價值，諸如統一的左岸咖啡廣告系列，試圖藉由巴黎的時尚意象，來提高其產品附加價值（葉智魁，2004）。

無論「文化產業化」或「產業文化化」，均是藉著文化與產業截長補短式結合，企圖使文化與產業俱興，振興地方經濟，帶動地方自足性永續發展，為生活帶來豐富的滋潤，同時亦可塑造出更優質的生活條件與環境。

二、地方文化產業定義

透過「地方」、「地方文化」、「地方文化產業化」逐步演繹，本文嘗試為「地方文化產業」下一定義，做為後續發展的基礎。本段計畫先由人文及統計各家學者觀點討論起，再提出個人的看法。

（一）各家學者觀點

聯合國教科文組織（UNESO）關於文化產業（cultural industries）的說明，通常是指：結合創作、生產與商業的內容，同時這內容在本質上，是具有無形資產與文化概念的特性，並獲得智慧財產權的保護，而以產品或服務的形式呈現。從內容來看，文化產業也可以被視為創意產業（creative industries）；或在經濟領域內，稱之為未來性產業（sriented industries）；或在科技領域中，稱之為內容產業（content industries）（UNESCO，2002）。

楊敏芝認為：「文化產業」一詞加上了「地方」（Local）兩字則意義又深遠（楊敏芝，2001），與「地方」緊密的連結後，形成以地方文化為基底之產業發展型態，強調產業發展之地理依存性（geography dependency），以地域性、地方意象（image of place）為其發展特質，蘊含歷史文化的豐贍、集體記憶與共享之價值。

這個觀點強調「地方文化產業」的特質在於它的「在地化」，在地化的產物係凝聚了地方生活文化與先人智慧寶藏，它可能為手工的、少量生產的、具有地域的獨特性。它的價值並非侷限於文化產品，而在於它所衍生的附加價值——包括產業的生活性與精神內涵。所以，地方文化產業所依循的生活原理，與新古典經濟學的生活理論正好背道而馳（楊敏芝，2001）。

人文學者陳其南則對「地方文化產業」解讀為：完全是依賴於創意、個別性、也就是產品的個性、地方傳統性、地方特殊性，甚至是工匠或藝術家的獨創性，強調的是產品對生活和精神價值內涵（陳其南，1996）。

這一段話，具體強調了文化產業的性質是獨特的、地方的，但卻未明白指出「產業」二字的含義。因為地方文化產業所要賣的就是創意、想像力與品味，透過生產文化商品和包裝行銷的過程來銷售文化商品與滿足大眾的需求。

（二）本書觀點

從上述討論，本書試圖為「地方文化產業」定義，作為後續發展基礎。

筆者認為「地方文化產業」，即是以地方本身作為出發點，從在地的自然、歷史、建築、文化、料理、節慶等各個角度，找出地方特色，形塑獨特的地方風格，創造出文化商品，帶動地方經濟發展。

這一立論，特別強調地方生活與文化資源如何轉化為消費生產性商品的重要性，以創造文化經濟的效益。因為如果不是在地的產物，就無法推動；如果不具經濟效益，就無需去推動。

更確切地說，能否帶動經濟效應就成了地方文化產業營造成功與否的轉捩點。推動地方文化產業的營造，一定要能創出新的商機才行；透過地方文化產業計畫的實施，也要能促進地方其他產業的活絡化以帶動經濟效益。因此，地方文化產業不必拘泥於任何形式的產業型態，從自然景觀、地方特產、節慶活動、工藝產品…，到博物館、

美術館，無一不可。重要的是，無形的內涵需透過有形的活動、商品、空間與生活，將地方特有的情感充分傳達給共同參與的人們。

其次，地方文化產業不僅只是傳統再現，而是活化再生與創新。因為地方文化產業「所希望呈現的，是從文化本身創意和魅力，所衍生的文化商品與其他經濟活動的關連效益」（辛晚教等，2005），這種新的產業發展邏輯，正如廖淑容等在「文化產業生根與地方發展」文中所指，具備了「創作（creation）→生產（production）→市場行銷（marketing）」階段過程（辛晚教等，2005）。

再者，地方文化產業創造符號價值與體驗價值，成為 21 世紀風格經濟競爭利器。因為地方文化產業係以特定的地域為基礎自然衍生的產業，有其獨特的歷史記憶與地方特色，這種「差異競爭優勢」提供消費者獨特價值，強化文化在地居民和外來旅者生活經驗，使其產生「文化波及效果（explosion of culture）」漸次讓文化消費參與成為必要的休閒模式和一種生活方式（辛晚教等，2005）。

貳、地方文化產業特性

以其地域文化特殊性創造經濟稀有性。

從「地方文化產業」定義，我們進一步探討地方文化產業的特性，並藉此擬具發展策略，形塑在地魅力。地方文化產業從字面意義，即可淺而易顯得知，它具備了地方性、文化性與經濟性三種特性，其間關係如圖 1-5 所示：

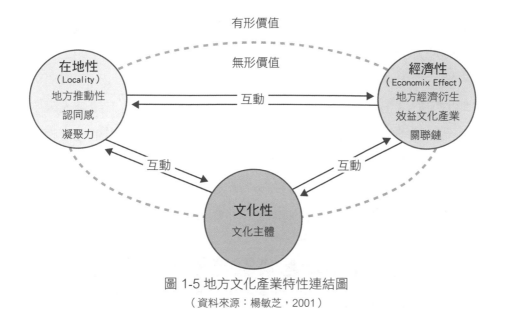

圖 1-5 地方文化產業特性連結圖

（資料來源：楊敏芝，2001）

一、地方性─補充全球化的全面性

地方文化產業具有「地理依存性」（geography dependency），經由其地域空間的塑造，經由其自發性質所衍生的產業。以其「地域特殊性（Local Uniqueness）」，如歷史記憶與價值、地方特色內化催生差異性、個別性的產品。

在全球化潮流催促下，這種「異質性」特色反成了更為突顯的部份，它補充全球化的全面性，成為全球化的最重要經濟動力。因為當代消費趨勢，已由「功能消費」轉為「符號消費」，標準化、規格化的產品只能陷入價格的殺戮戰場求生存；而要脫穎而出，就是形塑產品的區隔性與獨特性。

獨特性與在地化所構成的產品之獨特地域性價值，符合後現代之消費趨勢，亦即消費者在基本物質享受滿足後，更進一步在文化意義

及文化符號之訴求下，尋求精神上的豐裕及慰藉，因此，此一生產型態下的地方文化產業將有越來越大的發展空間。

地方文化產業究竟以何種形式來達成其獨特性與在地化的價值，將地方所研發出獨特之以地方文化為基底之產業留在地方讓外人來欣賞、品味及購買，如此方有利於地方文化緊密連結，並促進地方相關產業體系整體性之振興（廖桂敏，2003）。

曾任內政部營建署副署長辛晚教教授認為，依地域特色及產業性質，地方文化產業可分成下列幾項，如圖 1-6 所述（辛晚教等，2005）。

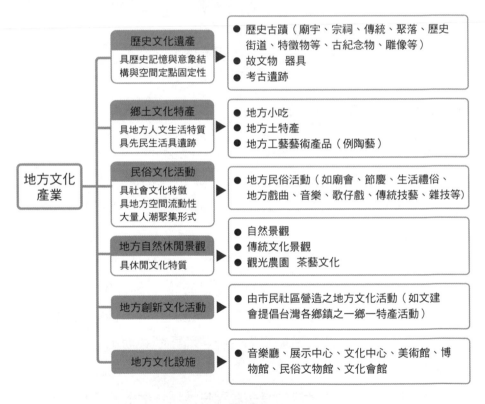

圖 1-6 地方文化產業分類圖

（資料來源：辛晚教，2005）

二、經濟性

有人認為經濟學，就是「稀少資源的配置」（David M.Blitzer 著，薛迪安譯，1998）。

價值取決於稀有性，越是稀有越具有不可取代性，其價值亦愈高。地方文化產業具「特殊性」，「地域象徵意義」等特質，它可藉由地方內生的力量，去拓展其經濟的潛能。

換而言之，地方文化產業的經濟效益，是要由其文化的特性來創造其經濟的稀有性。所以地方在選擇什麼產品做為推動主軸，是產量最多的作物？還是其他？最主要的考量點，在於地方文化產業的「特殊性」與「稀有性」。

全世界很多地方都是採這種模式發展起來，如要觀賞金字塔就得去埃及開羅、要看長城就得去中國北京、要看時尚就得去法國巴黎，利用地方特色來吸引外人前來消費，而這主要是來自長遠的歷史記憶與地域特殊而形成的。

因此，運用地方特質，傳統文化及歷史記憶為產品加值就是「商品文化化」或「文化商品化」。隨着全球化潮流、後現代消費思潮的蔓延，已躍居為地域活化的象徵經濟。

近來，台灣旅行社爭相推出日本「奧之細道」行程旅遊，就是一個運用人文為景點加值的成功案例。「奧之細道」位於日本東北，是一段歷史古道，「奧」是道路深處之意，「細道」為細長之路。日本俳句詩人松尾芭蕉記載這段旅程見聞與沿途景色，撰寫成短篇旅遊紀行，並留下多處吟詠俳句石碑，行經之路後稱為「奧之細道」。

松尾芭蕉於 1689 年從江戶（東京）出發，以徒步跋山涉水往北到日光、黑羽、松島、山寺、最上川等地，向西沿著日本海往南通過

了新潟、富山、石川、滋賀縣最後到達岐阜縣，歷時五個月，約走了240 公里路程。1694 年，他完成了《奧之細道》這部日本文學史上經典的紀行文學，「奧之細道」逐漸成為俳句愛好者追尋芭蕉腳步的旅行文學參考（蒼井夏樹，2007）。也成為亞太地區追日族熱門旅行路線。

三、文化性

地方文化產業是利用地方文化資源的特性，也就是文化的地方性，將一些知識、創意、資源商品化（commoditization）後，透過經濟自然形成的關連衍生作用，鑲嵌於地方社會和文化網絡中。換言之，「是基於地方特色、條件、人文和福址來發展的產業，……因此文化產業必然要保護生態和傳統，並且期待永續經營」。（于國華，2003）

但一般人談到傳統和文化的時候，往往容易把它看成是自古以來被一個或多個群體無意識地遵守著，並延綿不斷地繼承下來的實體。其實，傳統與文化是人們根據自己的需求，不斷進行選擇和創造的過程，這種現象在文化旅遊中尤為鮮明。

凡是到印尼峇里島旅遊的人，一定要看當地「驅魔禮儀舞劇」，原因是這個禮儀舞劇被稱為峇里島的傳統民族文藝。事實如何？在這裡做長期調查的日本人類學永山下普司指出今天看到的峇里島傳統民族文藝（指驅魔禮儀舞劇）是源於峇里島的傳統，經過在峇里島居住多年的德國畫家和當地人加工而成的「新造傳統」。旅遊開發對地方的傳統文化，與其說是保護，不如說對傳統文化的重新創造起著重要作用（山下普司馬，1996）。

從以上例子可知，文化與傳統是一個不斷再生的連續體。地方文化產業的文化性，所指的是並非一成不變墨守傳統，而是需兼顧傳統與現代，並加以創新產業化。

參、 地方文化產業價值

如果一個地方未具全球或區域經濟網絡節點位置，則依賴地方行銷運作來提升其在全球網絡聯結力，發展文化休閒旅遊就是一例。

一、提升地方吸引力，創造地方品牌象徵

在全球化潮流下，地方與地方間的競爭越來越激烈。在這一個競爭性的環境下，過去的規則在今天已不再適用，儘管很多選擇仍然與地理位置有關──中心城市比邊緣城市擁有更好的機會──但已不再像以往那樣佔有主導性地位。地點的品質變得非常重要，這導致地方紛紛投資於提升地方吸引力，但一個地方僅僅對企業具有吸引力是遠遠不夠的，而是由地方的居民、企業、投資者和遊客共同決定一個地方是否具有吸引力（Alexander 著，沈體雁等譯，2006）。而其中關鍵在於以地域為基礎的文化差異，所塑造的地方特色為地方界定明確競爭位置。

因此，有人認為每一個地方的價值是在於它能夠彰顯出與其他地方的不同，因為恰恰是這種賦予了巴黎為巴黎、紐約為紐約、聖德彼得堡為聖德彼得堡的自我認同力量。而構成一個地方獨特的自我認同內涵的，恰是這個地方與眾不同的歷史與文化，以及在此基礎上形成的這個地方的性格與意象（老槍，2007）。一個地方的性格與意象提供

當地在全球獨特的識別符碼，可以透過硬體與軟體的塑造而成。

　　硬體就是地方的地形與公共建築，諸如義大利與瑞士的城市大都建在有屏障的山坡上而形成的「山城」；又如巴黎鐵塔是巴黎的地標。至於軟體就是地方的文化或產業活動，也就是本文所指的地方文化產業，諸如英國愛丁堡的藝術節、台灣白河的蓮花節、大溪的豆干、鶯歌的陶瓷等皆是。

　　誠如本文上段所言，風景就是風情，硬體軟體互為表裡共同塑造地方意象。但一般而言，處於越邊緣的地方，越可能以農林漁牧等一級產業做為地方意象，又愈需以文化來豐富內容，諸如桃園大溪因大溪豆干意象掩蓋了精采絕倫的歷史，如今歷史建築與豆干結合，讓大溪更增添魅力。

　　我們或許可以這樣說：文化是一個地方的名片，地方文化產業則是一個地方的品牌象徵。

二、發展文化觀光旅遊，提高「境內出口」產業產值

　　在全球經濟的領域中，地方已凌駕國家成為競爭對手，文化則被視為經濟與地方發展的手段工具。藉由文化產生創意性環境的優勢吸引新知識經濟的投資人與人才，文化註定要根深蒂固於地方構造中，因此地方觀光與文化觀光連結在一起，當是自然而然的。

　　最常被提及的例子是西班牙的畢爾包，由知名建築師 Frank Gehry 設計的古根漢美術館。為了改變畢爾包的舊形象，館方在 1997 開幕年吸引了 140 萬遊客，其中有 85% 說選擇畢爾包為觀光景點就是為了看美術館。畢爾包的成功激發了許多歐美城市決心改頭換面，紛紛

發展大型文化公共建設，為城市注入新生命，開啟新經濟時代（蔡昭儀，2004）。

　　台灣是海島型經濟體，內需市場迷你，經濟成長之道因而沒別的秘方，就是出口、出口、再出口。但也別太狹義去看「出口」這個概念，「出口」即意味著產品或勞務賣到國外，也可以是把外國人吸引到台灣來消費此地住民的產品或勞務。舉例來說：廣達集團生產筆記型電腦外銷，是出口；而老外搭飛機來吃華西街夜市的蚵仔煎，也是出口。

　　因此當 MBT（Made By Taiwan，台商海外生產）的總出口金額就大於 MIT（Made In Taiwan，台商在台灣生產），台灣產業就必須轉型，轉向以運籌、服務、文化、旅遊等產業發展，才能創造台灣經濟的再成長。

　　依 2023 年世界旅遊觀光委員會（World Travel & Tourism Council, WTTC）全球觀光旅遊統計，2023 年來台觀光旅客達 640 萬人次，觀光旅遊經濟 GDP 規模 200 億美元，占整體 GDP 比達 4.4%，為全球第 37 大觀光經濟體（WTCC，2024）。

　　顯見文化觀光對「境內出口」產業產值有提高加值之效，同樣模式亦適用於台灣各縣市地方文化產業的推動，必須致力發掘各地自己獨特的特色與風格，然後透過節慶活動來促銷，並結合觀光產業。

三、帶動公私合夥協力發展，促進「地域振興」

　　在進入知識經濟年代，一個地方的知識能力，不在於少數決策階層，而是地方內每一個人都有運用、創造知識的能力，集合整體的知

識智慧，才能形成強大競爭力。

因此，文化或藝術創造一旦墮入政府的框框，一切變成人工設計，追求的只是形式化、口號化，就因缺了居民的參與、創作，欠缺了地方的「靈魂」（soul），地方的魅力就無從產生。

地方文化產業營造過程將所有利益主體——居民、政府、社集、企業等組織起來。換言之，地方文化產業的營造過程，是需要通過一組空間與地方向度的制度運作，來經理有關的活動之互動，並在特定的場域產生制度鑲嵌（embeddness）發展，進而經內在產生一股自發而且生生不息的經濟發展和持續成長的動力（辛晚教等，2005）。

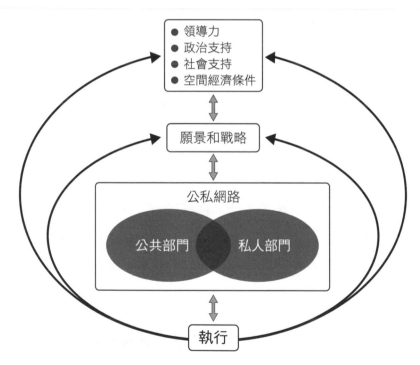

圖 1-7 地方文化產業行為者作用圖

（資料來源：「體育與城市行銷」乙書）

而這個制度的績效則取決於願景和戰略、公私網絡、領導、政治和社會支持以及空間經濟條件，如圖 1-7 所示（Alexander 著，沈體雁等譯，2006）。

地方通過制定出願景和戰略來選擇其發展方向。地方所設想的圖景意味著其對特定部門或集群的戰略選擇，而要實現這樣的設想就需要政治和社會的支持以及公共與私人參與者的合作。空間經濟條件，如一個公司的機會或威脅，可以促進不同主體的合作。

通過分權的地方體制，促進府際合作、公私合夥以及激發出來的創造力，這是地方文化產業營造過程的價值所在，也是「地域振興」的關鍵所在。

第三節 小結

文化創意產業發展與時代產業化構造有著密切的關係，特別是產業化在「空間上的擴張」。

農業生產基本上在相對小規模的地方區域內就能完成，但是工業化發展以後，鋪設鐵道、公路網、建設工廠、發電廠及水庫等大型設施，都需要超越「地方」的空間去規劃和投資，因此國家便成了「經濟的最佳單位」。

接著，資本主義進入「金融化和訊息化」時代，與之前侷限在國家的特定區域和範圍的工業化時代相比，情況出現變化，即跨越國境和界線的世界市場形成了，經濟的最佳單位已經轉移到了全球層面，

其間最大的變化「從空間的流動性邁向空氣的流動性」。

在去工業化過程，由於製造業的特點與需求都在發生變化，全球各地莫不使盡全力，或以低廉勞力，或以租稅減免，或以效率公共建設，爭取成為產業節點。另外一些城市未能抓住引進外資的機遇，致力推廣在地文化或特色或地貌，替代消失產業，這就稱之為地方再生。

在後全球化時代，全球層面的相關意識和實體——地球共同體、地球村等觀念和世界政府等還十分薄弱或欠缺，導致全球化與智慧化不斷發展與深化——地理空間格局和經濟表現情況呈現兩極化，更嚴重工作崗位大幅消失，形成所謂「零工經濟」。在這種情況下，人們開始面向社區和自然追求立足當下的充實狀態，年輕人表現出地方化趨勢就是明證。

如果以工業化、金融化、訊息化為核心的「擴張和增長」時代是「從區域起飛」的時代，那麼今後的發展方向就是向區域著陸（廣典良典著，張玲譯，2021）。

第二章

地方文化產業發展邏輯

面對全球化的競爭壓力,邊陲的鄉鎮為突顯區域特
色,運用地方文化符號於文化商品的設計轉化,成
了近二十餘年台灣各縣市提昇地方競爭力競相使用
的模式。本書藉由治理理論的宏觀視角,與較微觀
消費文化理論相結合,試圖為地方文化產業營造作
一全視野的觀察與詮釋。

第二章
地方文化產業發展邏輯

第一節 地方文化產業營造方式

地方文化產業係特定地域長期衍生的產物，其間醞釀過程藉由觀察、分析、溝通、執行、反省等程序長期地、集體地加以經「營」且創「造」始得產出，因此「營造」一詞正是經「營」與創「造」的縮寫。所以有關地方文化產業的營造方式，都需要一套邏輯演繹，目前主要論述有社區營造、地方調節等觀點。

壹、社區營造觀點

社區為在地居民生活方式、文化氛圍的集體記憶。在 80 年代全球化運動下，衝擊地方社區原有的關係與位置，重新發現地方特定與定位，為回應全球化的重要方式。從 1994 年開始，台灣隨即推動「社區總體營造」，接續的改造「城鄉新風貌」、「農漁村再生」……等，從強調「為社區設計」，進化為「和社區一起設計」。

社區營造的觀點，乃是透過社區總體營造過程，建立屬於地方社區自己的文化特色，並將之與產業結合，以提升其價值，帶動地方經濟展，主要的代表人是前行政院文建會主任委員陳其南等人。

一、基本論點

依行政院文建會對社區總體營造的定義：「社區總體營造是以社區共同體的存在和意識作為前提和目標，藉著社區居民積極參與地方公共事務，凝聚社區共識，經由社區的自主能力，配合社區總體營造理念的推動，使各地方社區建立屬於自己的文化特色，也讓社區居民共同經營「產業文化化」、「文化產業化」、「文化事務發展」、「地方文化團體與社區組織運作」、「整體文化空間及重要公共建設的整合」及其他相關的文化活動等，如此因社區民眾的自主參與，使生活空間獲得美化、生活品質獲得提升，文化、產業、經濟再行復興，原有地景、地貌煥然一新，進而稱為社區總體營造」（謝登旺，2007）。

換而言之，「社區總體營造」這個名詞，就是統合文化政策的理念與操作方式，以「人」、「文」、「地」、「產」、「景」等面向切入文化發展及再生策略，由生活問題的解決、社區環境改善、古蹟及地方文史保存整理、社區文藝活動、終身學習等較容易進入民眾的日常生活切入，激發社區意識，作為社區改造及文化再生的觸媒，並透過社區居民的討論、組織、行動，先由外部政策帶動「由上而下」、「民眾參與」、「社區自主」、「永續發展」的運作原則與方式，使地方和社區重新恢復活力與生機（謝登旺，2007）。

二、營造方式

在倡導社區凝聚力及振興地方產業的社區總體營造工程上，乃從「社區文化推展著手，藉由社區居民共同的鄉土關懷與共同參與的文化活動中，產生社區意識與共同體的概念，而由此再產生一個全民休

戚與共的生命共同體」，因此以社區作為建立文化認同的中心，使社區對居民產生在地感的意義。

其次，以社區作為實質空間改善、提升生活美學品味的起點；第三是以社區作為國家公民意識養成的基地，因為社區的概念與公民社會乃是一體，以社區居民的自身動員來決定社區的相關事物；第四是社區作為整合國家資源的單位，促進國家行政體系的轉型，承認權力下放，以有效進行分配；最後，是以社區做為產業再發展的地域，以「文化產業化、產業文化化」為訴求，任何類型的產業都可以加上文化的包裝，使產業轉型成文化的一部分，另一方面也開發新的地方文化活動和產業，來配合社區重建，以提供生活環境及經濟力（周慧玲，2002）。

這組論述是使得社區總體營造順利和文化扣連，更與文化產業與觀光化扣連。它的演繹邏輯順序是：為了國家發展進步，我們必須要有文化，有文化的方式是發展社區總體營造；在每個社區都有了總體營造，即有了文化之後，將文化產業化、產業文化化之後，每個社區就有地方文化產業，如圖 2-1 所述（周慧玲，2002）。

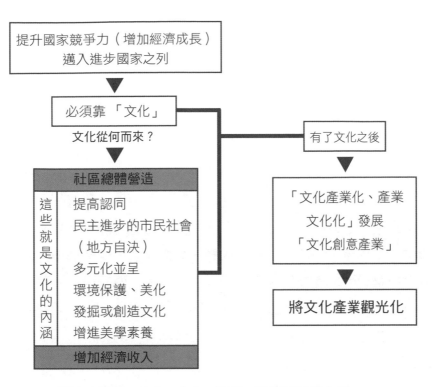

圖 2-1 國家、地方、文化、產業，整套論述接合圖

（資料來源：周慧玲，2002）

三、評析

　　台灣大學建築與城鄉研究所的教授黃麗玲對這樣的建構，認為會有幾個重大問題包括，第一、社區及市民社會的體質原本就與國家是相違的，它們常對國家的都市計畫形成挑戰，國家要收編這個概念，只會造成市民社會的衝突抗爭性被隱去，資源仍在國家手中無法下放；第二、國家收編社區的結果，只會造成隱去了各社區住民異質多元的事實，而將之全部建構成同質的，被賦予集體意志與群體利益的

集體人民身分；另外，以土地作為號召，對於無地域歸屬的外省族群缺乏力量，反而加強了國家與本省族群的隱形連結，也使土地上其他異質的經驗被以土地經驗為主的父權架構給吞掉（黃麗玲，1995）。

又社區文化產業被認為是一種「內發性的地方發展策略」，期盼透過在地文化的認同與形塑，同時帶來地方經濟的效益。然而，值得注意的是，作為社區營造論述中的一環，「社區文化產業」展露出一種「地方治理」的邏輯，而在邏輯底下，每個地方政體都是從「競爭力」出發，地方政府以此建構各種地方發展的行動，所關心的是如何增加就業機會，如何增加觀光人數，如何開展「產業轉型升級」。不過在這種地方發展架構中，一種「對外」的社區發展，一種強調地方「競爭力」的發展模式成為主要的論述，而對於更深刻的問題，諸如民主的深化、環境生態等，基本上並不注重。David Harvey 就很悲觀認為，社區發展註定會是「退步的」（David Harvey 著，王志弘譯，2002）。因此，這個「內發性的發展策略」在具體實踐當中，却因為地方社會網絡與公共領域的不夠健全，或者原有的社會關係在這個特定的「發展」版本當中瓦解，使得這個將文化「產業化」的努力輕易地陷入了資本主義的經濟邏輯，地方的「內發性發展」仍顯得遙不可及。

然而，對於「社區文化產業」提供的地方「發展」策略的反思，並不意味著我們需要反對所有的變遷與「發展」。這個反思的過程，希望揭露的是鑲嵌於這些習以為常的「文化」和「發展」論述背後的政治與經濟邏輯，並且提供我們在「地方發展」的論述與實踐嘗試中，真正正視「地方」和「文化」，並且重新賦予「經濟」在「地方發展」當中更為妥切的位置。一個將經濟動機提升到絕對優越地位的社會不

可能存續；唯有在「地方」公共領域健全發展，將經濟回歸到社會關係的範疇底下之際，「社區文化產業」透過更為民主、平等的過程，也才可能提供「地方內發性發展」堅實豐沛的潛能（劉介修，2007）。

貳、地方調節理論（Local regulation theory）

資本主義活動的地理景觀，就在一波波時空壓縮的無情驅動下而不斷演變。空間關係的改變，確實替我們所見到的政治重組，提供必要的條件。

地方調節觀點認為地方文化產業化發展係仰賴地方文化資源與地方成員機制彼此良好的互動調節的過程，主要是由法國政治經濟學者 Gerard Destanne de Bernis 在 1970 年代提出，國內則由郭百修運用調節理論探討地方文化產業化的營造（郭百修，1999）。

一、基本論點

根據調節理論家的說法，資本主義危機和矛盾的「成功」調節，並不會自動和必定發生，但不會純粹透過刻意而精細的設計而產生。反之，當調節產生時，經常是為其他理由而刻意採取的行動和過程之間的非意圖後果。這個一般原則由兩個核心概念來具體化，一個是積累體制（regime of accumulation）（指明投資、生產與消費之間經濟關係的性質），另一個則是為調節模式（model of regulation）（述明了確保前述關係的政治與社會文化體制和實踐）。

積累體制指涉一組宏觀經濟關係，讓資本主義的擴大積累得以持

續，而系統不會因為不穩定而立即徹底崩潰。在積累體制裡，再生產、生產、循環和消費迴圈裡的不均衡，被延擱或置移了。尖銳的危機和明顯的不規律，暫時被慢性的危機趨勢及和緩的經濟循環所取代。當生產、消費和投資之間，以及勞動與資本的供需之間，達致了大體上的均衡，讓經濟成長得以在相對長期的時間裡，以合理的穩定性維續下去，就可以說有了積累體制。

然而，這種穩定不會因為資本主義核心過程的操作就能達致。穩定產生時（這不必然會發生），那是社會與政治的偶然結果。例如，生產和消費之間的協調一致，並非資本主義的自動特質。反之，這是透過各種社會和政治制度、文化規範、甚至是道德符號而產生的。這種規範和符碼並非為了維持積累體制而建立的，但是它們有時候可以互動而產生這種效果。這種情形發生時，它們有構成了調節模式（王志弘，2006）。

在 1990 年代以後，調節理論受到經濟地理學界的重視，將之運用到有關地方經濟發展的探討上。調節理論的貢獻在於指出經濟邏輯與社會生活以及政治制度之間整合的重要性，而不同空間尺度（包括國際、國家與區域地方）的積累體制與調節型態也經常會有所不同，必須加以整合。另一方面，歷史的分期也可看出不同時期中，主要支配性的積累與調節體制經常都有所差異，包括消費型態、勞資協議與生產組織都有所差異，因此研究不同區域的發展，就必須放在不同歷史與空間尺度的積累體制與調節方式中考量，而有效的整合將使資本主義矛盾，不論是在全球、國際或區域之間，得到危機的舒緩，並進一步得到發展的機會。

因此，在調節理論的看法中，在地化與全球化之間的衝突必須藉由統合不同尺度的調節體制來解決，在這過程，制度性的安排變得非常關鍵，所謂制度的安排並不一定指向正式政治機構，而是指向包括習慣、文化等影響人類行為合法性的因子。而在不同尺度空間社會組織之間的連結，就在於這些制度之間的統合（徐進鈺，2000）。

二、營造方式

根據上述論點，我們可以發現地方的互動機制廣泛地包括：社會經濟、文化、政治、企業體系內部與外部的活動形式，針對地方經濟發展資源產生不同的施為與影響，因此衍生彼此動態且不穩定的互動模式。並且在機制互動所具有的動態與不穩定性中的互動過程中產生多樣類型的地方發展模式，而調節機制即在刺激地方經濟發展中制度合作與改善資源品質的過程。亦即此一調節的作為是將地方制度針對以地方發展為標的，不僅促進其既有制度協調合作並且建構新的網絡，進一步促進地方動態積累的效應，形成制度與制度間、地方資源與運用的互動刺激與循環，形成地方經濟發展的氛圍概念。

我們將文化政策與探討組織成員的互動嵌入地方發展時，地方文化發展調節機制應包括地方資源、互動關係與治理機制，這三者的協調與實踐，促進地方發展的實現。

更進一步引申，地方文化產業化機制是由地方實質文化資源、非實質文化象徵與互動調節機制三者互動所組織而成，詳見圖 2-2。

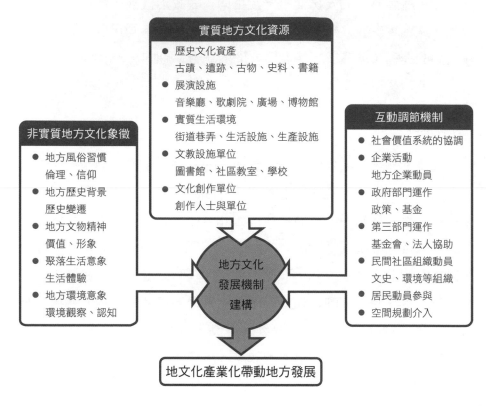

實質地方文化資源

- 歷史文化資產
  古蹟、遺跡、古物、史料、書籍
- 展演設施
  音樂廳、歌劇院、廣場、博物館
- 實質生活環境
  街道巷弄、生活設施、生產設施
- 文教設施單位
  圖書館、社區教室、學校
- 文化創作單位
  創作人士與單位

非實質地方文化象徵

- 地方風俗習慣
  倫理、信仰
- 地方歷史背景
  歷史變遷
- 地方文物精神
  價值、形象
- 聚落生活意象
  生活體驗
- 地方環境意象
  環境觀察、認知

互動調節機制

- 社會價值系統的協調
- 企業活動
  地方企業動員
- 政府部門運作
  政策、基金
- 第三部門運作
  基金會、法人協助
- 民間社區組織動員
  文史、環境等組織
- 居民動員參與
- 空間規劃介入

地方文化
發展機制
建構

地文化產業化帶動地方發展

圖 2-2 地方調節理論圖

（資料來源：郭百修，1999）

三、評析

從地方調節理論的觀點出發，超越狹隘的生產功能，經濟化行為（economizing behavior）與純然市場力量，而看到直接或間接涉入資本積累廣大範圍的制度因素與社會力量。所以，國家、地方政府與地方政治本身就是環繞著資本積累的政權的調節模式的一部分，並且需連結到社會調節模式中來看待。

換言之，調節理論聚焦於資本主義歷史上的廣闊時代以及大規模的調節過程，包括一個社會的「文化、習俗、神話和夢想」，說明了「空間與時間中經濟和社會動態的變化」。

但另一方面，調節理論經常將資本主義的複雜性化約成為均質積累體制之間的不連續轉變（例如福特主義到後福特主義）。因而忽視了空間與產業變異，以及社會實踐較為緩慢但不規則的散布和轉變。它傾向於忽視日常生活的物質實踐如何構成調節模式，而且宛如調節模式是立法而成，而非透過位居實驗和衝突的動態地方場景中的實踐而構成（王志弘，2006）。

更確切地說，地方經濟的動態源自其「調節的空間結構」（SSR），並反映了來自構成元素之結合互動的邏輯。我們必須理解空間經濟是這些元素的複雜運作，各種不同的調解手段接合了它們，並加以整合，它們表現了它們的內部矛盾，並且在具體的生產系統裡彼此矛盾且相互鬥爭。SSR 及其空間組織是社會的創造物。每個鑲嵌於 SSR 的過程都有其獨特的空間尺度，而這些過程會相互制約（王志弘，2006）。

第二節 本書計畫命題建構

　　地方文化產業的營造過程，必須落在時間與空間的系統中，且應屬於一個動態的結構連接關係。因此，它必須通過一組空間與地方向度的制度運作，並在特定的場域產生制度鑲嵌（embeddness）發展，進而始得從內在產生一股自發且生生不息經濟發展與持續成長的動力。

　　本節所欲探討，擬藉用上節檢討的地方調節理論與社區營造觀點，來建置本研究地方文化產業營造的命題。

壹、全球化下地方文化產業營造機制的命題建構

　　治理模式隨著產業革命不斷改變，從管理主義往企業主義位移。工業時代，福特主義經濟是政府和建立福利制度的基礎。後工業時代，城市治理的任務就是將高度流動和靈活的生產、金融和消費吸收到自己的區域來；至於社會福利的財政來源，則只能尋找新的方式來提供公共服務，因此治理的形式與結構經水平網絡和公私合作關係發展。地方文化產業營造就是界於傳統凱恩斯主義和新自由主義之間的「第三條道路」？！

　　在全球化時代，許多地方可能生產出遠方或國家之外所需要的商品，此時它的生產會遭受新生成的調節力量所影響，成為行動者網絡理論（ANT）所指出的遠距行動（action at a distance），而它們之間也形成一個緊密的空間網絡。反過來說，地方面對全球的競爭，其產

品欲在市場上有競爭力，必須配合市場需求而受到一個全球化下的調節力量所控制，而重新商品化（譚鴻仁，2007）。又地方的調節是由不同的部門共同參與而形成的，不同的地方發展，背後都代表不同部門的治理。地方必須形成自己的調節與制度架構處理地方發展的優勢與劣勢。

　　基於上述認知，本研究運用地方調節理論觀點，將全球化下地方文化產業營造機制的命題為：全球化影響、地方的因應、地方的資源、地方的機制的多重性互動之結果，如圖 2-3 所示。

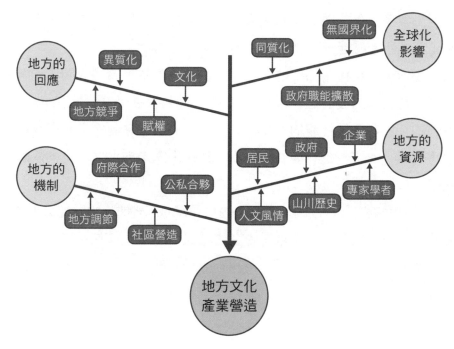

圖 2-3 全球化下地方文化產業營造機制的命題

(資料來源：作者整理)

一、全球化影響

自 1970 年起,跨國的全球化合作不斷湧現,意味著經濟權力的延伸,表現在新的國際生產分工過程上,是在任何一個「地方」組裝的產品都被轉變為全球性的產品銷往外地,這是一個新的生產空間結構的轉變。

可見全球化時代,經濟早以不固著於自家前(Home),而是流動性的、無地方性的,而那邊的「地方」經濟不一定與國家的、區域的經濟直接有關,卻直接的連結上了世界經濟的網絡。經濟力量的延伸也影響了文化的層面,諸如環球電影公司、華德狄斯奈公司等,將文化與場所連結起來,創造了所謂的文化全球化。

全球化的過程增加了地方的同質性,也產生了區域之間不均等的關係;高科技的發展過程帶來了流動空間的特性,取代地方的空間。我們的社會關係(經濟的、文化的、政治的)已在此──時空壓縮的新時代自「地方」邊界伸展出空間之外,由家走向地方,走向國際的網絡。

就此而論,全球性其實也可以看成是構成「地方」的一部分元素。因此對地方性的看法,不祇是內在的關係,而且也會包括它伸展與外界聯絡的關係。

二、地方的回應

全球化對地方所帶來之衝擊,除了使產業生產地點之選擇更具彈性,各地方(區域或都市)於取得替代其他地區發展機會之同時,亦面臨被另一地區取代之威脅,地方間之競爭愈顯激烈,紛紛提供各種

誘因，諸如租稅減免、免租土地、基礎建設，甚至一般性的服務提供（如會議中心、擴建機場），企圖使該地方更具投資吸引力。

另外一種類型地方，則轉以發展知識型產業，朝產業升級作為回應全球激烈競爭。然而，知識型就業，在量的普及效果上，並不如過去農業或製造業，它們並無法達到全民的充分就業。誠如綠色全球宣言乙書作者所言：「全球化不僅製造了全球性的低就業，而且在國家內部與國家之間大幅改變了就業模式。」（Michael Woodin & Caroline Lucas 著，鄧伯宸譯，2005）

在上述兩種回應方式的地方，必須居於全球的生產鏈、資訊網絡或資本流動的網絡中節點位置，始可奏效，若否，則必須以文化行銷的運作來提升其在全球網絡的聯絡位置，文化產業遂成為地方發展的「第三條路」。

三、地方的資源

地方的資源主要包括實質地方文化資源、非實質地方文化象徵、地方居民、專家學者、企業、第三部門及政府機關。

四、地方的機制

如前所述，全球化現象是兩種跨界流動，一種是有形的，一種是無形的。前者如人、資金、物品、資訊及產業的跨越國界，快速且大量流動，是當代全球化現象的最佳寫照；後者如全球治理下所造成政府角色的無形流動，最值得注意的是政府組織、程序、人員等面向上，公領域與私領域之間的交錯匯流，私部門頻繁地分擔原本屬於政府的

角色，甚至參與決策程序（葉俊榮，2007）。

　　換而言之，就是政府行為在同一時間內朝不同方面擴散（Joseph S. Nye, Jr. 著，蔡東杰譯，2002）。一方面，政府行動從中央政府垂直擴散到各階層政府；另方面，水平擴散到市場與私人非市場部門（亦即所謂第三部門）。前者稱之為府際關係，後者謂之公私合夥。

　　在上述的討論中，明顯可以看出一個重要的新治理觀念，就是「網絡式的治理」。有別於過去工業化社會，在中央威權主導下的「階層式治理」，它的目的就在促成不同空間組成單元，透過密集的網絡互動，能在全球化發展過程中，皆有所參與，並扮演一定功能角色，避開全球化的空間極化效應的發生。

貳、地方文化產業發展邏輯的命題建構

　　文化創業產品引入了一種新的價值觀念：象徵價值，超越了經典辯證的使用價值和交換價值。

　　地方文化產業的營造過程，除了透過機制來連結各項資源外，文化如何化約變成「產業」，產業如何加值變成「文化」，更為落實的重要關鍵。

　　社區營造的觀點，認為文化產業的營造就是「一方面地方上不論是何種類型的產業，傳統的農漁業，土產特產業、觀光遊憩業，都可以加上文化的包裝，使得這些產業類型因為轉型而成為文化的一部分，而增加其吸引力和價值。另一方面則以開發新的地方文化活動和產業，來配合社區重建工作，提供較為高級的生活、遊憩環境，使得

鄉村的初級產業直接轉型為具有特色的、精緻的第三產業」。（李登輝，1994）

　　這段話點明文化與經濟的結合關係，經濟的發展充滿文化的意涵，而文化的發展也需要依賴經濟的活動。然而，文化經濟的形成並不是單純因為經濟多一點文化化，以及文化多一點經濟化，它的出現是因為文化成為當代資本累積與創造利潤的核心因素。當代文化經濟的發展緊貼著資本主義的轉型（劉維公，2006）。

　　基於上述認知，本研究計畫運用社區營造的「文化產業化、產業文化化」概念結合策略管理、消費文化理論，試圖為地方文化產業發展邏輯建構命題，如圖 2-4 所述。

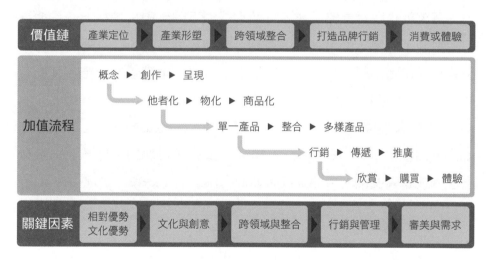

圖 2-4 地方文化產業發展流程的命題
（資料來源：作者整理）

一、產業定位

產業的定調與定位是為產業在市場上找到應有價值，或是塑造更高的價值（丁肇全，2007）。換言之，即在選擇何種作物或特色，做為地方發展的策略產業。

接著通常是進行 SWOT 分析。也就是將地方的優劣勢（Strengths 和 Weaknesses）與環境分析所得到之機會與威脅（opportunities 和 threats），列表分析，然後看哪些優勢可以和機會相結合，哪些劣勢與威脅必須要迴避（司徒達賢，2005）。SWOT 分析的優點在於幫助我們發現地方優勢與市場機會之間的關連性，我們都想要藉由對於市場未來發展方向有所預測，及早發展出一套對應策略。

再來就是選擇策略產業，它通常依循下列原則來選擇，一是地方的相對競爭優勢，即是只有這裡有，其他地方沒有；二是運用地方文化建立起市場區隔，也就是與當地歷史人文、地理景觀相結合。換言之，也就是運用文化的特殊性來建立起經濟稀有性。

地方利基如何尋找，依法國學者 Vincent Bastien & Jean-Noël Kapferer 指出：「一種是廣為人知，物質的或特理的；另一種則為概念性的或是人文的。」（Vincent Bastien & Jean-Noël Kapferer 著，2014，謝綺紅譯）

1. 材料稀有性

基於當地特殊自然地理或風土人情的產物，諸如：台北文山包種茶、桃園大溪豆干、新北淡水阿給、新竹東方美人茶、苗栗三義木雕、台中太陽餅、南投凍頂烏龍茶、彰化二水花卉、雲林水林蕃薯、嘉義新港新港飴、台南麻豆文旦、高雄旗山香蕉、屏東林邊蓮霧、台東太麻里金針、花蓮玉里羊羹、宜蘭鴨賞……。

2. 技術稀有性

通過對完美的極緻追求讓人感知到，諸如瑞士手錶、俄羅斯伏特加、美國高科技、台灣的晶圓製造技術獨步全球的台積電、全球第一大電子代工廠：鴻海、全球第一大 NB 代工廠：廣達、全球第一大電源供應器廠：台達電……。

3. 訊息傳達稀有性

持續不斷獨家報導，……透過傳播我們原本不知事情來提高虛擬的稀有性，諸如 SK-II 之類化妝品或奢侈品常用手法。

圖 2-5 產業定位
（資料來源：B Catry (2006)）

產業定位

產業的定調與定位是為產業在市場上找到應有價值，或是塑造更高的價值，通常的作法是透過差異性或特殊性，來創造經濟稀有性。

	稀有性的推動者		與銷售量的兼容性
自然的 ↓ 虛擬的	1	用料、部件、有限的生產量，如鐵石、戒指、稀有的工藝、動物皮毛	小
	2	稀有的技術、創意、新產品和新特點	一般
	3	信息層面的稀有性、營銷、品牌、保密性	非常好：無限制

二、產業形塑

所謂產業形塑，就是要建立地方文化產業的獨特銷售論點（USP，Unique Selling Propsition）（Catherine Kaputa 著，賴則先譯，2006）。

依 Catherine Kaputa 的觀點，成功的 USP 必須突顯自己的差異性，為自己營造魅力（Catherine Kaputa 著，賴則先譯，2006）。它的途徑，不外乎是硬性訴求主張與軟性訴求主張（洪順慶，2006）。所謂硬性訴求主張，就是訴諸地方地形地貌；所謂軟性訴求主張，就是訴諸滿足顧客的心理或社會需求方式。

本研究擬借用消費文化理論來加以說明，消費運作邏輯「要成為消費的物品，物品必須先成為符號」，所以消費的目的是在消費符號；消費商品的生產是在創造符號價值。換句話說，符號是文化活動與經濟活動的共同命脈。

要想獲致符號價值，物品必須成為符號。此一符號與其他符號之間的差異決定物品的符號價值，物品必須藉由加工的過程鑲嵌進文化系統中，沾染文化意義後，才能讓自己變成是符號。這類的工作不是經濟部門的傳統工作者能夠勝任的，因為物品成為符號的加工過程，其工作性質基本上與提高產能及產量無關，而是與意義的詮釋息息相關。想要創造物品的符號價值，必須先瞭解哪些文化意義是可欲的符號，然後才能以涵義化的方式將這些慾望符號轉嫁到物品身上（劉維公，2001）。

文化如何鑲嵌進產業，是地方文化產業發展的關聯的歷程，文化必須經歷「他者化」、「物化」及「商品化」等過程始得變成「產業」，其間或有將複雜多變的歷史以文化級紋理化約為單一版本之嫌，但也可能帶動地方文化創新，進而振興地域經濟發展。

換言之，特性代表了文創產品的有形與無形特殊之處，這些特殊之處構成了品牌。文創產品首先是要有一個史詩般的傳說，由很多故事組成，講故事是文創產品的表達方式；另外整合地方的專業技術與符號式的特點。整體分析，就像文化上的三棱鏡，可以用來讀懂世界，用來創造，如下圖所示：

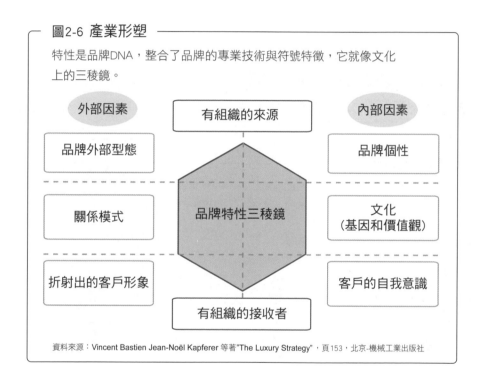

圖2-6 產業形塑

特性是品牌DNA，整合了品牌的專業技術與符號特徵，它就像文化上的三稜鏡。

外部因素　　　　有組織的來源　　　　內部因素

品牌外部型態　　　　　　　　　　品牌個性

品牌特性三稜鏡

關係模式　　　　　　　　　　文化（基因和價值觀）

折射出的客戶形象　　　　　　　　客戶的自我意識

有組織的接收者

資料來源：Vincent Bastien Jean-Noël Kapferer 等著"The Luxury Strategy"，頁153，北京-機械工業出版社

三、跨領域的整合

在分析丹麥創意產業發展的《丹麥的創意潛力》一書中提到：「我們邁向的是由經驗產生最大價值的新經濟。」（丹麥文化部等著，李璞良、林怡君譯，2003）Pine & Gilmore 在《體驗經濟》一書中也提到：

「形形色色不同的生活經驗，它們就更容易強調自己的獨創性，而不必按通常的競爭所形成的市場價格定價，而是基於它們所提供的獨特價值收取更高的費用。」（Joseph Pine II & James H．Gilmore 著，夏業良、魯煒譯，2003）地方文化產業就是一種「經驗性產品」。

在資訊全球化年代，單一層次的經驗似乎不再有競爭力，如何結合多層次、多領域的個別經驗，打造出「跨領域的整合經驗」，似乎更能創造經濟效益。

地方文化產業固為地方整體經驗的產品，但目前仍停滯在販售單一性產品，如何和其他領域、鄰近地區結合，發展出「套裝式產品」，推動文化產業往文化觀光發展，應該是地方文化產業未來努力的重點。

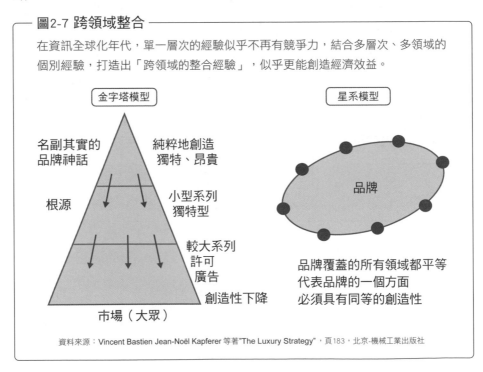

圖2-7 跨領域整合

在資訊全球化年代，單一層次的經驗似乎不再有競爭力，結合多層次、多領域的個別經驗，打造出「跨領域的整合經驗」，似乎更能創造經濟效益。

資料來源：Vincent Bastien Jean-Noël Kapferer 等著"The Luxury Strategy"，頁183，北京-機械工業出版社

四、打造品牌行銷

經由上述三階段逐漸成形的地方文化產品，要在世界地球村文化版圖中脫穎而出，必須舉辦活動建立品牌，讓地方品牌發揮魅力。活動的多變「形式」（節慶、嘉年華、演唱、展覽……）正是以滿足人性的深邃需求。活動透過「形式」，促動參加者到現場藉由形與體，產生驚奇、感動、理解……，以便和活動宣示目的意義產生連結，形成集體感染力，最後引發參加者（現場或事後）的行動力（消費、報導、商務合作、贊助等）。活動現場的形式體驗與感受，總和成為參加者個別與集體的「記憶」。

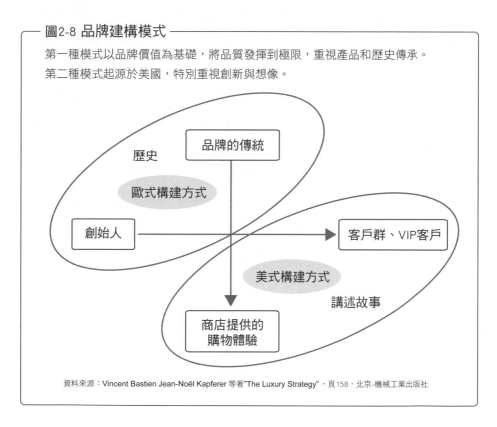

圖2-8 品牌建構模式

第一種模式以品牌價值為基礎，將品質發揮到極限，重視產品和歷史傳承。
第二種模式起源於美國，特別重視創新與想像。

資料來源：Vincent Bastien Jean-Noël Kapferer 等著"The Luxury Strategy"，頁158，北京-機械工業出版社

地方文化產業通常以節慶方式來強化地方魅力。因為將地方傳統或文化以慶典的方式市場化，一方面有助於靜態、軟性的旅遊形態進入大眾市場，讓觀光客從中體驗民情，並且滿足對文化的好奇心；他方面，藉由節慶舉辦來聚集人潮，創造節慶經濟，增加觀光收入。

第三節　相關理論概念探討

全球化的浪潮從二十世紀延續到二十一世紀，這樣的趨勢帶來的不僅是對全球經濟分工的重大改變，更是對整個社會、政治、文化……等發展發生變遷。地方要如何回應全球化的衝擊，若干產業變遷速度跟不上經濟全球化腳步的鄉鎮，以地方文化產業作為因應策略，是否得宜？這是本研究計畫所關注的核心問題所在。

有論者認為，全球化過程所代表的是一普同的力量，相對地，在地化過程則是強調著維持地方特性的差異存在，在這兩種觀念下，全球化與地方究竟是互不相容的衝突，或是在空間並存的地理，甚至是地方發展的轉機？這是本研究所欲探討的第一個問題。

在經濟全球化的同時，全球化也在改變或者重新建構國家政府的權力、權威和能力。有謂伴隨著朝向超國家及分權化的場域轉型，這種後起的趨勢對早先國族「福利國家」的集權性，有著重大影響效果。國族政府仍然在地方發展上擁有重大利害，但是政策場域已經轉向到「多重的行動者與多層次的競賽」，這種地方治理型態的丕變，對地方文化產業推動機制的形成有何影響，這是本研究所關注的第二個問題。

誠如上段所言，面對全球化的競爭壓力下，邊陲的鄉鎮突顯地域

特色，運用地方文化符號於文化商品的設計轉化，成為近十餘年台灣各縣市提昇地方競爭力競相使用的模式。因此，地方文化產業的發展邏輯究竟如何，就成了本研究所欲討論的第三個問題。

　　基於上述，全球化與在地化、地方治理與消費文化理論等項的理解與運用，構成本研究計畫的骨架，就諸論述如下：

壹、 全球化與在地化概念意涵

　　探討全球化對落入其羅網或被冷落在其邊緣地區的回應方式。

　　「全球化」（globalization）一詞，自 1980 年代以來已被廣泛的應用於探討國際政治、經濟、文化、科技及城鄉發展的文獻之中。隨著通訊科技及運輸技術的發展以及各種跨國組織與國際網絡的形成，全球化已成為當前一個重要的時代趨勢，其正快速的影響著世界上的每個角落，而全球化的形成與發展，更與政治、經濟、科技、產業結構、文化、資訊等因素形成互為因果的互動關係。

一、全球化

　　何謂全球化？晚近相關文獻多以經濟、科技、管理體系，及文化等面向來探討全球化的意涵與影響。整體而言，全球化可被視為是一種在經濟、社會、科技、文化及生產與消費方式上的「跨國化發展過程」（Beck，1997）。在這種跨國化發展（transnational）的趨勢下，人力資源、企業、資金、資訊、科技、文化、甚至各種觀念或創意（ideas），都可能超越傳統國界的範圍，在國際間快速的流動與交流，

並建構出一個新的市場秩序、供需關係、溝通方式及跨國界的全球性網絡關係。

其次，就全球化的特質及影響而言，目前相關研究已指出全球化至少意謂著以下三種相互關連之效應的發生：（1）距離的消失（Beck，1997），（2）來自遠方的效應（Giddens, 1990、1995），以及（3）疆界的破壞（Ohmae，1990）。

1.「距離的消失」意謂著一種「去偏遠化」及「去空間化」的作用，因為隨著通訊科技及跨國網絡的形成，任何一個偏遠的地方，皆有可能透過全球化之溝通網絡及物流網絡而與全球其他地方相連接，因而躍上全球的舞台。

2.「來自遠方的效應」意謂著全球化所造成之時空的壓縮及空間關係的調整，使得全球各地方皆有可能打破傳統地理空間的限制，接受到全球其他地方所傳遞過來的物質流、人才流或資訊流，並主動的將地方的影響力擴展到全球各地（這種跨國化資本及人才流通的現象其實早已出現在科技廠商及人才的跨國流動，例如新竹與矽谷科技產業之競爭合作關係）。

3.「疆界的破壞」則意指著全球化的跨國化發展過程將使得傳統政治經濟學上所謂的國家邊界及國家角色面臨到很大的挑戰，所以有論者指出，全球化將會造成「國境的消失」（或無國境的世界），以及國家認同與地域認同的逐漸瓦解。

就目前全球化發展的情況來看，是否全球化真能充分發揮上述效應，仍是一個爭論的焦點，但無可否認的是，全球化的影響確實已在世界各地發生，而差異只是受影響的地區範疇及受全球化影響的程度而已。

二、在地化

什麼是在地化？在地化的概念具有：較小尺度的、強調地域特色的、鄉土的、具地方感的、重視地方文化及地域認同的、為地方民所熟悉的或接受的、反映在地集居形式或營建材料或技法的、以及具獨特地方城鄉風格的等多重的意義。近年來，隨著批判性地域主義及社區主義等思潮的流行，「在地化」的概念已被不少論者所推介，用以做為對抗全球化之均質化現象及全球化強勢經濟勢力的核心概念，不少文獻並嘗試以對立（或相抗衡）的角度來說明「全球化」與「在地化」間的互動關係，這種思考模式雖有助於我們加強對地區地景特色的認知及對地域文化的覺醒（awareness），但過度的以在地化概念來抗拒全球化的趨勢，也有可能會侷限了地區發展的格局與機會。

全球化與在地化是否一定處於對立的狀態？是否可能成為一體的兩面、互蒙其利？學者 Roland Robertson 曾提出了「全球在地化」的概念，藉以結合全球化與在地化之特性，並加強兩者間之互補關係（Roland Robertson，1995）。依據 Robertson 及 Eade 等學者的解釋，「全球在地化」可被視為是一種藉由全球化之資訊（information）、技術、思想（idea）、資本（capital）、人才等的快速跨國流動之幫助，來協助建構及促進具多元性及特殊性之在地化發展的過程（process）。藉由全球在地化概念的提出，Robertson 企圖利用全球化作為觸媒，為地方（locality）的時代定義。這種強調全球化與在地化相融合的論點也受到國內多位學者的倡議，例如周桂田以「普遍的特殊化」（homogeneity）及「特殊的普遍化」（heterogeneity）兩個相關的概念間的關係，來解釋全球化與全球在地化間之相生共存的辯證關係（周

桂田，1999），李丁讚則指出，健康的全球化需以在地化為前提，而一個沒有在地化的全球化是空洞的，因為它不是以地方特色為基礎所發展而成（李丁讚，2003）。

顯見，「全球化」除了是一個動態的變遷過程外，更是「一組」複雜的過程，而非「單一」過程，同時這些過程往往以相互矛盾、彼此對立的方式在運作（Giddens, 1999）。所以全球化並無單一的樣貌，其反而是呈現多元且多中心的特色，且隨著在地與時空的不同而有所差異。

貳、地方治理概念意涵

探討從地方管理向地方治理轉變。

台灣自九十年代起，受到全球化發展的衝擊與地方要求自主的雙重壓力下，迫使政府正視地方發展的課題，並企圖將有關地方發展策略置入國家重點計畫中來加以實現，地方治理型態也隨之丕變，地方治理概念開始到重視。

一、治理論述的由來

根據 John Friedmann 的分析：「治理」是個相當新的名詞，因1970 年代以來資本主義生產方式的結構性變化──即所謂全球化過程的啟動，而開始在自由民主國家被廣泛使用。全球化過程已然造成國際、國家以及「城市－區域」系統之間的權力關係重組（John Friedmann 著，吳比娜譯，2003）。

在經濟事務上，全球化過程強化了如世界貿易組織、國際貨幣基金、世界銀行等全球性機構的角色。全球依賴與日俱增，代價是迫使國家政府放棄其部分的「主權」（Sovereignty）──即對本國經濟的掌控權。

權力關係光譜的另一端，全球化過程強化許多城市與區域層級政府介入國家經濟社會發展的力量，中央政府放棄了部分權力，轉移給地方／區域政府。在此同時，也強化了市民社會在地方、區域、國家、甚至全球議題上發聲的集體參與者角色。

二、治理論述的內涵

在新的權力關係中，決策（decision-marking）中心由國家和各級政府，移轉到各方參與者，即所謂利益關係人（stakeholders）身上的一種聯合或者合作治理（Collaborative governance）。

合作式治理無疑相當耗時，且過程衝突難免，於是成為一種以談判協商、解決衝突為主的新專業，多半在法令規章的邊緣地帶進行。換句話說，治理的過程往往是非制度化的，並且維持著流動與非正式的特性。

同時，治理過程常涵蓋各決策層次（例如地方、區域與國家層級）的利益關係和各種行動領域的參與者，特別是國家、經濟組織與市民社會。這種的合作決策是導向共同行動，不同參與者各自以不同方式致力於同一計畫的「合夥關係」。然值得注意的是，「夥伴」的稱號雖然予人一種權力平等結合的印象，實情卻常非如此，許多看似平等的國家－私人的合作關係裡，私人部門卻扮演了支配性的角色（John

Friedmann 著，吳比娜譯，2003），台灣高鐵 BOT 案就讓人有如是的感覺。

　　所以治理的概念應包括以下幾項：一、是強調公私部門的夥伴關係，國家、市場、社會之間的界限日趨模糊。二、國家角色的轉變，在決策過程中，不再有獨佔性，成為眾多行動者之一，其權力概念更具多元性，並有著多重治理特色。三、是以「自我組織（self-organizing）」的網絡為主，其特色為相互依賴、資源交換和協議的遊戲規則以及相對性的自主（范淑敏、周志龍，2008）。

參、消費文化理論概念意涵

　　探討新消費社會與文化經濟。

　　在今日，越來越多的文化是由消費所創造出來的，同時也有越來越多的消費是由文化元素所構成的。「消費文化化」與「文化消費化」隨著歷史時空與社會脈絡加速連結，擴大地接合，密切地連動。這樣結合的關係所產生的作用力量，正在全面影響當代的人類社會。

一、當代消費文化的發展脈絡：文化經濟

　　就當代消費發展趨勢而言，在經濟面，從生產到消費，文化是經濟活動必要的形成條件；在文化面，從創作到體驗，經濟一直是介入文化的重要因素，文化與經濟緊密地相互作用（劉維公，2006），可說是進入「文化經濟時代」。在文化經濟時代，許多產品的價格並不取決於生產過程花費的成本，而是如何在文化場域中取得珍貴的文化意義與價值。換言之，產品的「符號價值」（sign value）與「體驗價值」

（experience value）成為最主要的價值。

　　所以，文化經濟的形成並不是單純因為經濟多一點文化化，以及文化多一點經濟化，它的出現是因為文化成為當代資本累積與創造利潤的核心因素——新型態資本主義經濟發展動力來源。

　　接下來討論的是，現代人如何與消費文化互動，進而建構出其歸屬的生活世界。在消費文化生活世界的建構過程中，有兩個主要的運作機制：「生活風格」與「生活美學」（劉維公，2006）。生活風格是與消費文化互動後表現出來的生活形式，而生活美學是消費文化互動時具有決定的力量。兩者的關係密切，一個擁有的生活美學，透過生活風格，轉化為具體的日常言行舉止；一個人的生活風格表現，則以生活美學為依歸，而呈現出整體的生活形式。

二、消費文化、符號象徵與地方文化產業

　　法國社會學家 Jean Baudrillard 把消費定義為：「不是物品功能的使用或擁有；而是不斷發出、接收、再生的象徵符號。」而「物必須成為符號，才能成為被消費的物」（Jean Baudrillard 著，黃恆正譯，1988）。這種消費文化的演變，是資本主義經濟發展的必然結果，商品變成一種記號、一種情報，所以消費者不再以單純眼光看一個物品，而是要求經由物品傳達的生活意義，（楊伯漵，2002）。因此，物品除了其本身具有實質價值外，更蘊含的意義存在，則此物品所具有無形價值往往比實質價值更為人所看重。

　　地方文化產業所生產的物品，若蘊含文化的內涵，則其價值自然會提高。David Harvey（2001）提出壟斷地租、象徵資本與區辨標記

也是符號製造意義的一種，經由符號製造意義創造物品的價值。

　　壟斷地租（monopoly rent）這個名詞抽譯自政治經濟的語言，社會理論學家將其意涵運用於全球化與文化產業時，壟斷地租乃是說明社會行動者專斷地控制了某些直接或間接可交易的項目，這些項目的某些關鍵面向乃獨特而不可重製的。相較於全球化產品流通，及文化工業大量複製齊一規格的產品，使得文化工業下的商品因重複高、大量生產，因此價值性不高。壟斷地租的掌控者或持有者，得以其經營的項目因具有特殊性質的資源、商品或區位，為實現利益，增加經濟所得，透過販賣、觀賞等活動，向消費者行銷。在這種情況下，「壟斷價格創造了地租」。

　　地方文化如何具有壟斷地租的特質，具體的說法，地方的產業文化要具有獨特性與特殊性，才能實現和維持壟斷地租。如果要實踐壟斷地租，就必須創造產品或地方保持足夠的獨特性與特殊性。換句說，地方文化產業要形成壟斷，只能從歷史或文化的策略進行，因為社區的歷史與文化是具有地域與產品文化的真實性與獨特性。從地方的歷史與文化出發，地方文化產業才能累積集體象徵資本（Collection symbolized Capital）與形成區辨標誌，才可奠定壟斷地租的基礎（楊深耕，2006）。

　　從上述討論，我們可以清楚歸納為：全球化影響到消費文化，消費文化可細分為空間形式、符號消費、美學消費等面向，而透過意符與意旨所結合構成的符號概念，更讓我們瞭解地方文化產業在現代消費時代所佔的地位與意涵，其分析架構如圖 2-9 所示。另外，上揭的各項理論概念，本研究計畫將於第三、四、五再作深入探討，俾利後續運用發展。

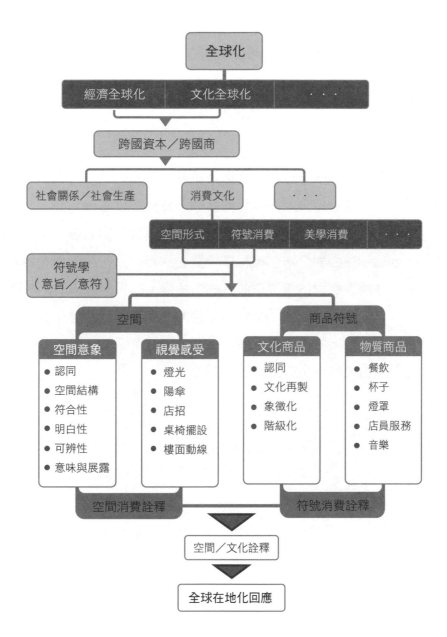

圖 2-9 符號消費與消費空間架構圖

（資料來源；李永展，2004）

第四節　小結

　　面對全球化的衝擊，地方除非能自外於這股潮流之外仍能生存，否則勢必受到全球化力量的影響，尤其是經濟轉型的衝擊，以及接踵而來社會全面巨變。

　　經濟全球化造成全球資金與產業流動，加遽全球各地方的競爭；政治全球化造成治理尺度的轉變與私部門參與提供基礎建設，政府職能同時弱化而又強化；社會全球化造成貧者越貧，富者越富，社會兩極化。因此，在面對全球化過程中，勢必找到經濟、政治與社會轉型間的關係與調適過程，這種調節模式的轉變，即是治理形式的改變。

　　因此，本書所探討的「全球化下地方文化產業營造之研究」，試圖藉由治理理論宏觀的視角，與較微觀的消費文化理論相結合，為地方文化產業營造作一全視野的觀察與詮釋。

第三章

全球化下的地方文化產業

選擇地方文化產業與特產做為回應全球化策略，最重
要的目的即是希望以此連結上全球化。連結，不是讓
地方成為全球資本支配的對象，反而是一種積極的因
應之道。地方文化產業創造符號價值與體驗價值，成
為 21 世紀風格經濟競爭利器。因此，越具地方依存
與特色，越具潛力成為全球化經濟網絡的主要賣點。

第三章
全球化下的地方文化產業

在邁入 21 世紀的前十年之間，世界出現了構造性的變化。冷戰的終結宣告了自由經濟與民主巨大的勝利。這樣的勝利氣氛中也帶來經濟地理終結、歷史終結的宣言。全球化以經濟的整合、全球市場以及資訊革命改寫了這個世界的面貌，揭開了 21 世紀的帷幕。隨著科技的進步，全球化現象更加劇烈地進行。時空壓縮[1]使得疆界不再是障礙，許多看似不相關的區域透過全球平台的連動，彼此的命運變得息息相關。新的全球問題產生，世界面臨巨大的變革，各地都幾乎無法迴避的面臨大小不一、程度不同的全球衝擊，歷史原來並未終結，最明顯的例子是恐怖主義利用全球的資訊、資金自由流動的特性形成新型態的反抗。

全球化的研究[2]，從 20 世紀 80 年代開始，於 90 年代冷戰體系瓦解之後以後進入了高峰。一般認為全球化的現象是以政治、經濟，與跨國業者為主要推手，不斷地對全球的資源和事務進行整合的過程。

1「時空壓縮」（time-space compression），亦即由於運輸與通訊改良的原本完整的地理尺度組織（包括國家、區域、地方等等）的社會與經濟發展過程進行轉變，在此過程中，外在的全球性社會經濟組織將成為支配的力量，壓縮了既存的社會地理單元（Harvey 1989）。

2「全球化」一詞是於 1943 年 Wendell Willkie 在其一本名為《一個世界》的富有遠見的書中，提及全球化的概念。然而，直到 1972 年，Dennis Meadows 等人合著了《發展的極限：羅馬俱樂部關於人類困境的課題報告》一書，該書呼籲人們注意因生態危機產生的全球挑戰。該書發表後，「全球化」一詞成為了常見詞。見 Jost Delbruck ，Globalization of Law，Politics，and Markets-Implications for Domestic Law：A Europena Perspective，Indiana Journal of Global Legal Studies，Vol，no.1 Fall 1933，第 10 頁的註 3。

本章即是要以全球的視野和觀點，了解全球化下的地方如何因應，並以文化產業找到自身發展之道。

第一節　全球化的概念涵意

1980 年代開始，歐美企業以其資本技術和亞太地區廉價勞動力結合，建立起全球性的生產分工，形成全球性的經濟連鎖效應。

雖然世界經濟將全球各地、各民族連結起來已有很長一段歷史，但是全球化這名詞的出現，以及它伴隨科技進步更廣泛的作用卻是近三十年左右的事。全球化基本上是在說一種全球一體化的發展趨勢，由於它作用的層次非常複雜，分散於不同層面，因此要簡單地為全球化下一個靜態的定義是不可能的。全球化會與時俱進的不斷調整其概念和意涵，但是我們可以由幾個面向來掌握它，這幾個面向是經濟、政治和文化。本文擬由全球化形成的背景因素開始，討論其所構成可見的現象和影響。

壹、全球化形成的因素

全球化最大特徵就是不斷加速，「藉由時間來消滅空間」。成本和時間減少，首先就是運輸和通訊科技持續的創新；其次，讓資本家選擇生產的地點。

根據日本經濟新聞社所編寫的《世界經濟大視野》一書，它認為全球化是由「三個終結」所促成，第一是「冷戰的終結」，第二是「地理的終結」，第三是「歷史的終結」（日本經濟新聞社，1997）。

1.「冷戰的終結」以 1985 年蘇聯戈巴契夫上台為先兆，由 1989 年柏林圍牆倒塌而戲劇性地展開，並以 1990 年東、西德統一和 1991 年蘇聯解體而宣告完成「冷戰的終結」很大程度影響著「地理的終結」。

2.「地理的終結」更準確的說應是「經濟地理的終結」，是「經濟國界的消失」，最終帶來的是全球市場、全球經濟。

在冷戰時代，世界經濟被截然分為以蘇聯為首的社會主義、共產主義體制下的東方指令性經濟區域，以及美國領導下的西方自由市場經濟圈兩大部分。當然，所謂「東西貿易」經濟交流也多少存在，但當時基本上是兩個經濟圈互相壁壘，相互對立。然而，隨著冷戰的結束，兩大經濟圈的割裂狀態也隨之消失。其具體進程是原東方陣營指令性經濟圈的各國，拋棄指令性經濟，逐漸向西方自由市場化、靠攏。俄羅斯、東歐各國、中國、越南都轉向自由市場經濟，開始實行經濟改革、開放，出現了市場經濟化的「多米諾現象」。

1985 年戈巴契夫上台後，曾作為戈巴契夫首席顧問而推行改革、新思維外交、言論公開政策的亞力山大・亞可布列夫，曾於 1993 年表明自己悲壯的歷史認識：「用嚴肅的歷史眼光來看，俄羅斯完全喪失了 20 世紀。」在俄羅斯，經濟改革未能順利進行，混亂狀態仍在持續。因而，俄羅斯沒有餘力為冷戰時代的盟國提供經濟援助。實際上被俄羅斯所拋棄的原東方陣營各國競相推行經濟改革與開放政策，尋求日、美、歐等西方國家的援助。1995 年，越南與美國建交，接著又加入原本抵制共產主義勢力的東盟（ASEAN）。這標誌著冷戰在亞洲的結束。

3.「歷史的終結」這一概念由美國安全問題專家法蘭西斯・福山

在同名著作中提出（Franas Fukuyana，2001；李永熾譯）。

　　由於時機絕妙，這一概念同作者一起一舉成名。該書論述較為單純，即自由經濟、民族主義等美國式的價值觀接受了集體主義、共產主義等價值觀的歷史挑戰性，結果將其全部擊敗。冷戰也以對共產主義的巨大勝利而告終，美國式的價值已沒有對手，歷史的辯證發展已到達其所應到達的最高階段。

　　在「美國大獲全勝」的氣氛中，美國前總統喬治・布希於 1991 年呼籲建立「世界新秩序」。但是，冷戰後的世界並不太平，地區糾紛不斷，經濟摩擦越演越烈。大批難民產生，地球環境問題日益嚴重。因此，越來越多人指出，「當今時代的歷史明顯加速了，其軌道並不穩定。歷史並未結束，而是不斷加速、壓縮」（布里辛斯基）、「現實是世界已處於無秩序狀態」（皮埃爾・魯爾修）。

　　在經濟領域，由北美自由貿易協定（NAFTA）的生效（1994 年 1 月）和 1991 年 12 月歐盟（EU）馬斯特理赫特條約的締結及其共識為動力，更深層次的一體化步伐不斷加快。世界經濟的區域化、集團化已引起人們的關注，但同冷戰時代世界經濟被截然分為兩大陣營，兩者之間交流極為有限的狀況相比，冷戰後的世界經濟大趨勢仍是走向全球化、無國界化。

貳、全球化的現象

　　因全球企業而重組地球空間，因資訊革命而建立全球電子空間。

　　冷戰結束後，全球化幾乎成為一個普遍的趨勢，何謂全球化？整體而言，全球化可以被視為一種在經濟、社會、科技、文化及生產與

消費方式上的「跨國化發展過程」（Beck，1997）。並且主要帶來以下幾個方面的相互關聯的全面現象，包含距離的消失（Beck，1997）、時空壓縮（Harvey，1989）、疆界的破壞（Ohmae，1990）、流動空間（Castells，1989）的概念，以及隨之而來所謂的「平的世界」（Friedman，2005）。

一、距離消失

1990 年代德國社會學家貝克（Ulrich Beck）認為全球化是一種「距離的消失」。拜新科技及跨國網絡的形成之賜，空間中「偏遠」的意義被消解，資訊與通訊技術的發展，使世界上任何一個角落都可透過媒體資訊和物流網絡，與其他地方銜接，甚至活耀於世界的舞台。

二、時空壓縮（time-space compression）

時空壓縮的概念是地理學者，大衛・哈維（David Harvey）於 1989 年提出的概念（Hawey，1933；王志弘譯）由於資訊快速流動助長社會經濟，讓經濟動力不僅在於組織所在的社會空間中互動，更超越了原有的地理局限。全球人類如同生活在同一空間和領域中，各地方都可以接收到全球其他地方所傳遞過來的資訊，物資與人才。換言之，有一個更強勢的，非地方的組織空間在影響著各個在自地社會過程。且這一強勢力量，將地方性的文化、產業、商品同推向一個時空壓縮的舞台，一個整合的全球體系（global system）。

三、疆界毀壞

全球化跨越國界的發展的確使得傳統政治經濟學上所謂的國家邊界及國家角色面臨極為嚴厲的挑戰，近一步甚至造成對國家與地域認同的消失。日本策略專家大前研一（Kenichi Ohmae）甚至宣稱「民族國家」已經終結了，他說「只要一個政府仍然是自己為經濟活動中不可或缺的主角，只要它們仍然頂著國家利益這頂大帽子，抗拒任何對中央集權的權利侵蝕，並認為是對主權的一種威脅，則不論是政府本身或其人民，都將無法善用全球經濟的資源。」他認為，全球化將造成「國界的消失」、「無國界的境界」（Ohmae，2001；王德玲、蔣學芬譯）。

四、流動空間

卡斯特（Castells）提出流動空間（space of flow）的概念，認為全球經濟社會體系將成為一個網絡狀的組織，每個地點的優勢將受其在網絡中位置影響，而非其內在的社會經濟條件所決定。可以說，在全球尺度上，傳統在地空間組織將會屈從這一個支配性的流動力量。這一力量是具體的地方成為全球網絡中接軌或是失落的一環，並決定一個地方發展機會（徐進鈺、鄭陸霖，2001）。這就是網絡社會的流動空間以及全球商品鏈的時空競爭結構指出全球經濟支配地方經濟體系的方式。參與全球的單元組織將是節點（node）而非國家。

參、全球化的影響

全球化導致治理尺度關係發展變化，國家的地位不斷下降，但城市地位卻在提高。其結果決定了經濟增長的效應必然集中於

城市的某一部分或某些特殊區域，這就會導致社會發展的不平等、城鄉發展的不平等。

由上述的距離消失、時空壓縮、疆界毀壞、流動空間等全球化現象所勾勒的圖像，確已在世界各地發生，差異的只是受影響的地區範疇與影響程度而已。而其影響面向，主要有下列幾點：

一、經濟的影響 —— 造成地方競爭加遽

所謂經濟全球化就是企業尋求各個地方差異來強化具全球營運所追求的策略，造成資本及產業的跨國移動。這種投資者的流動性以及他們能帶給某一個地方相對於其他地方報酬的權力，造成各個地方為了爭奪投資而相互競爭，於是地方致力界定地方特色（可能是廉價勞力、租稅減免、行政效率、基礎設施、文化特質）以作為追求競爭優勢因素，企圖使該地方對某些類型投資更具吸引力。

在另一方面，過去能成為重要的世界城市是基於它得天獨厚的地理位置及天然資源。然而，在全球化的時空壓縮下，城市的地理位置及天然資源的重要性日益減低。同時，幾乎所有城市都有可能成為經濟、政治及文化的樞紐。因此，每一個都市或地方均是潛在的競爭對手，城市或地方之間的競爭非常劇烈。

二、政治的影響 —— 促成政府職能轉變

隨著跨國經濟網絡的深化發展，促成國際事務交流的無障礙空間，這種經濟環境的劇烈變化，促使民間經濟力量強大，相對地削弱國家對經濟和社會的控制及管制力，這種轉變使得國家必須面對

公、私部門之間界限逐漸模糊與私部門自主性逐漸形成的情況。換言之，全球化的發展雖未挑戰到國家合法的內在主權（legal internal sovereignty），但是卻挑戰其內部的運作主權（operative internal sovereignty），因而不但衝擊所謂「國際」與「國內」事務的領域，也重新界定國家與社會之間的支配關係，以及改變中央與地方政府之間的上對下服從關係，以往韋伯式的層級管理方式受到現實的挑戰（宋學文，2001）。

隨著全球化的腳步加速，出現對於國家職能轉換的不同觀點。部分學者主張「全球化將淘汰國家基地」，認為在全球化時代，國家職能不斷地泡沫空洞化，國家的組織功能將不斷的萎縮，甚至消逝（ohmae,1995）。但事實上，越來越多的研究發現與事實證明，當前全球化、自由化的潮流下，全球經濟體系成形，國家的重要性不減反增，且國家為維持國內秩序或解決問題而干預民眾日常生活事物的情形越來越普遍，國家職能也進一步細緻化與複雜化，以期成為具有競爭優勢的國家。尤其國家之間的特質與文化差異，非但不受全球競爭的威脅，反而被證明是企業在全球競爭中成功不可或缺的部分（劉宜君，2003）。

有關政治全球化對地方政治生態的衝擊，造成地方文化產業推動機制異於傳統政治，本論點將於第四章再做深入探討。

三、文化的影響 ── 文化不對稱相互穿透

20 世紀以來，以軍事占領和政治顛覆為手段的軍國主義、殖民主義政策逐漸被歷史所遺棄，一種新的世界圖景開始出現，當世界各國紛紛走上現代化道路之後，資本和資訊的全球流動便成為可能，隨

著跨國資本、跨國企業和資訊工業、媒介工業的迅速發展，民族國家的界限越來越模糊，一個前所未有的一體化世界體系逐漸形成，資本主義發達國家越來越重視依賴具經濟力量和文化力量，進入不發達國家開闢更具活力的市場，獲得更廉價的生產和生活資料，在創造利潤的同時創造一種消費意識形態（尹鴻、蕭志偉，2001）。

尤其當文化成為一種產業以後，其經濟功能和文化功能相互重疊，文化產品的全球輸出不僅能夠擴展經濟市場，獲得大量的經濟利潤，同時也可以通過文化媒介承載本國的生活方式和價值觀念，通過文化來銷售商品，通過商品來宣傳文化，文化即商品，商品即文化，文化商品在獲得現實利益的同時也在創造廣告的意義。

在另一方面，在後工業化的全球性城市，低技術者之需求減少，高技術職位增加，擴大了收入與貧富差距；在全球化世界體系裡，致力於貿易和投資快速自由化的國家，產業出口雖然大幅成長，但所分配所得卻不夠，其關鍵在於，開發中國家扮演的只是組裝角色而已，絕大部分附加價值的所得都歸於控制產品行銷的跨國公司。因而，在全球化空間的運用似乎由這些強勢國家主導，弱勢者則越來越被邊緣化。

在這種政治經濟失衡下，必然帶來文化交流的不平衡，文化的強勢認同規則必然有利於資本主義發展國家文化的輸出。如此一來，似乎衝擊了經濟弱勢國家的「文化」、「地區」認同，原本傳統的國家認同也有可能漸漸被滲透瓦解；甚至形成一種文化普世主義（Cultural Universalism）。

綜觀以上三點全球化的影響，可知全球化不只作用在經濟領域，政治、文化往往也是全球化過程中有巨大改變的面向。誠如彭慕蘭在

《貿易打造的世界》一書所提及，全球化有幾點值得再商榷。第一是，關於國家的角色。它既非如過去所認為的，國家與公共領域不可阻擋的擴張，也非在自由市場的運作下不斷萎縮。事實上，在整體與世界經濟更進一步的接軌之時，國家的力量是同時弱化而又強化的。另外，全球化亦不是單向的西化。經濟上，過去三十年來成長最快的地區是東亞與東南亞。由文化來看，區域性的跨國流行文化成長，諸如日本漫畫的流行、日劇韓劇風靡東亞。成龍、李安、宮崎駿的動畫電影在好萊塢獲得的成功，皆代表西方除了文化上影響他人，其實也間接受他人影響。（Pomeranz & Topik，2008）由此兩點來反觀上述的影響，可發現全球化帶來的影響其實是複雜的交互作用，不管是在經濟、政治、文化的領域都無法一概而論的說全球化是一種單向影響的結果（Pomeranz & Topik，2007；黃中憲譯）。

肆、全球化與台灣政經空間發展

自 20 世紀末以來，牽動台灣變遷發展最主要的力量，就是全球化與中國大陸崛起的影響。這是一個交疊多層面的衝擊影響，有極其重要的歷史意義，主要有下列幾個面向：

一、經濟的面向：轉向服務業經濟體

全球化在 1990 年代以來，對台灣最重要的影響，就是以迅雷不及掩耳的速度，改變了台灣的發展軌跡，而把台灣帶到後工業化發展的局勢當中（周志龍，2002）。這個發展主要是由於全球生產製造系統再結構的一部份，中國大陸在 1980 年代末以其大規模的廉價生

產要素，包括土地與勞力等，扮演「世界工廠」的功能角色。它取代四小龍與其他新興工業化國家，成為世界經濟系統中重要的生產基地。這個結果，連帶使得台灣面臨製造業的快速區域化，外移到大陸，加速史前無例的「除工業化（deindustrialisation）」發展。換言之，台灣的發展到了1980年代後期以後，即在全球化的催動下，隨著經濟除工業化的進程，快速地步入後工業化社會。台灣的產業結構正快速接近先進國家，已然成為一個服務業的經濟體。

這個發展連帶的一個結果，就是台灣工業區的大量滯銷，以及傳統產業區域及都市的沒落與再結構。雖然如此，但是後工業化社會的發展，卻同時積極地在北台灣強化了全球接軌，南台灣則必須轉到對抗地方發展衰頹的問題上，形成區域發展的差距。

二、政治的面向：形成新的地方治理危機

在經濟全球化的同時，台灣內部也有了巨大的轉變，最主要的影響來自於民主化所牽動的台灣政治空間層級再結構。1994年直轄市長與省主席開始民選，地方自主意識高漲結果，使得過去工業化都市系統的分工互補功能關係所造成的空間差異，就被政治人物突顯出來，成為地方不均衡發展的政治矛盾。省政府砲打中央，認為中央忽略核心都市以外縣市的投資建設。北高兩市的發展差異，則被高雄市長強調出來，成為中央重北輕南的政治性矛盾。這個發展嚴重威脅到中央的政權，尤其省政府由於所轄縣市幅員廣大，容易透過不經中央與議會監督的高額省府借貸方式，補貼地方縣市建設，積累獲取巨大政治資源，對中央政府執政當局，產生了「葉爾欽效應」的政治威脅，最後導致了廢省。過去的「三級政府、二級管理」的空間層級治理機

制，在 1997 年轉變成為「二級政府、一級管理」。這些發展使得中央必須直接面對直轄市與縣市，在工業化都市系統中，不對稱發展的政治矛盾。換言之，民主化後的台灣空間層級治理機制的再結構，亦即都市系統治理機制的再結構，使得過去空間層級的發展差異，被轉變成為是全國性的政治矛盾。這其中的一個最重要的議題，就是關於財政收支劃分法的統籌分配稅款問題。

雖然如此，但這個矛盾在過去國民黨一黨獨大的政治結構裡，國家仍可運用政黨機器，透過所謂「摸摸頭」的政治過程，調解這些矛盾。然而，台灣民主化的更徹底發展，就是 2000 年總統大選，造成政黨輪替，過去一黨獨大的政黨政治因此結束。2000 年史無前例的政黨輪替結果，國民黨第二次分裂出「親民黨」以及「台灣團結聯盟」，造成台灣民主政治領導權的碎裂細分與惡性對抗競爭。此一發展不只造成戰後台灣在威權體制支配下，所建構起來的發展導向國家的瓦解，而且也導致台灣政治信任氛圍與發展聯盟（development coalition）的潰散。國家再結構策略，無法在中央與地方形成政治聯盟甚至共識。換言之，台灣民主化以後，政治空間層級的再結構結果，中央與地方以及地方與地方之間的對抗競爭與不合作，以致於再結構策略共識無法凝聚，影響政府決策與執行效率，成為新的治理危機。

三、區域的面向：全球化鏈結與斷鏈區域

隨著全球化經濟競爭的進一步深化發展，在 1990 年代以後，台灣產業生產鏈首先擴充了北中南三大都會的影響力。台灣製造業群聚於都會，吸引了大量台灣人口的結果，都市化人口百分比，即快速升漲到 1991 年的 72%。成長的市鎮則沿著高速公路的都會周邊市鎮為

多，也帶來這些地區不動產前所未有的繁榮。這些都市發展到 1990 年以後，由於國家積極推動高速公路拓寬工程、全台東西向快速道路工程及都會區路網建設結果，有效地串連了北中南三大都會及其周邊新興市鎮。這個發展遂把都會核心都市與其鄰近的衛星市鎮串接起來，把過去工業化所形塑起來的台灣都會經濟，轉變成為網絡都市（networked cities），北中南三大都會區，擴大並巢化成為網絡城市區域（networked city regions）。

1990 年代的全球化發展，進一步激勵了台灣生產鏈的深化發展，加速了台灣北中南的三大城市區域的產業群聚效應。北部城市區域隨著電子科技產業的生產鏈發展，從台北基隆一帶，沿著高速公路往南到了新竹，形成為「科技走廊」。中部城市區域，則是隨著五金／機械業相關的產業鏈發展，連結了台中與彰化，沿著高速公路往北連接豐原，往東串連草屯、南投，往南勾連到雲林的西螺、斗六等。至於南部城市區域，則也是沿著高速公路串接台南、高雄、鳳山、屏東等地而成，為傳統與重化鋼鐵產業的專業化區域（周志龍，2002）。

三大經濟圈外的區域，如東部地區（花蓮、台東）、西部農村地區（苗栗、南投、雲林、嘉義、屏東）、離島地區（金馬、澎湖、綠島蘭嶼）等，過去發展已明顯落後，全球化帶來加速沒落，並導致區域貧窮的效果。很顯然，這三個地區在經濟流動上又與北中南主要城市區域經濟網絡失聯，勢必進一步被邊陲化成為台灣在全球化與三通發展後的災區。

本計畫所欲探討的個案──古坑，就位於台灣全球化斷鏈地區──雲林縣。雲林靠近中央山脈的山邊，在過去以麻竹筍、鳳梨、柳丁等農作物自給自足，但在加入 WTO 與兩岸農業跨界連結的深化發

展，農業全球化，農產品大量進口，導致古坑鄉產業空洞化，一個家庭物質基礎的喪失，人口接著外移，古坑鄉面臨全球化帶來的社會經濟頹敗，如何回應振興地方就成了本研究計畫的重要議題。

第二節 全球化、在地化、文化重構

儘管全球化並非單向影響，而是不對等相互穿透的歷程。但全球各地城市的街頭，卻有一種雷同到有點怪異的商業文化。各大城市光輝耀眼、空調良好的購物中心可以互換。年輕人喝相同的汽水、抽相同的香菸、穿相同品牌的服飾和鞋子、玩同樣的電腦遊戲、看同樣的好萊塢電影、聽同樣的西方流行音樂。

伴隨經濟全球化，西方的文化也像「海嘯」般的席捲全球，用西方式的愉悅生活，取代人類社會豐富的多樣性。有人認為這種現象，會導致世界各地的在地文化遭受侵蝕。家庭與社會關係瓦解，社會關係「商品化」減退到馬克斯所說的「粗糙的現金交易關西」。用社會學家海倫娜‧諾伯-何姬（Helen Norkerg-Hodge）的話來說「現在有一種全球性的單一文化，能夠以令人震驚的速度和力量，破壞傳統文化，超越世界過去所曾有過的東西」。

西方跨國公司以「全套文化包裹」的商業行銷方式，已在全球流行文化領域打造了一個「整體文化空間」，這種綜合性，擬百科全書式的文化形式包裹著一套西方社會的價值，對全球各地的次級文化系統進行同質化的滲透，甚至是征服，而逐漸形成一種「文化普世主義」（Cultural Universalism）。

面對這種現象，各地文明研究如何回應，而其文化表徵──地方

文化產業又如何在全球市場生存與發展？我們擬由幾個層次來探討可能的答案。一、全球化與在地文化間的關係，究竟是朝同質化或異質化、一元文化或多元化方向發展；二、全球化、在地化、文化重構，三者間的關係與可能的發展。

壹、全球化與在地化

前統一集團董事長高清愿曾言：「在文化如果不能融入當地社會，則產品品質不必然與銷售績效相對應；兼顧四海皆準的品質，以及入境隨俗的行銷方式，才是跨國企業基本生存之道。」

相對於「全球化」這一普遍性的概念，強調地方性差異的「在地化」概念是一個因應而生的對立邏輯。即有學者指出：全球化力量有可能造成滿意與不滿（content and diacontent）、配合與抗拒（accommodation and resistance）、整合與分裂（integration and fragmentation）、以及由上而化或由下而上（from above and from below）的雙重變動（江啟臣，2003）。這些矛盾的現象正是肇因於「全球化」與「在地化」兩股力量的拉扯。但是沒有「全球化」也就不會有「在地化」的倡議，可以說這兩個力量雖是矛盾對立，另一方面也是相互補充，並且不是在單一的情況下運作。

一、全球與在地力量接軌形式 —— 在地全球化與全球在地化

誠如上節所言，全球化是在世界體系中，各個不同國家與社會間，在「把內在的東西往外帶，把外在的東西往內帶」的過程，相互

關連與交叉鏈結的一種跨空間層級的多面向發展（周志龍，2001）。

　　因此可知全球化運作的非單一過程，而是互動交流的結果。如要細緻的理解這樣的互動，可將全球化的內涵分類為「在地全球化」與「全球在地化」兩種過程。在地全球（Lobalization）係地方文化傳播到世界各地去，全球化現象的來源是在地的文化。如全世界第一家麥當勞係 1955 年在美國芝加哥附近的小鎮成立，如今麥當勞在全球六大洲 121 國家中，擁有 3 萬家分店，成為全球化的現象之一。而台灣的麥當勞係於 1984 年在台北市民生東路成立第一家店，到目前為止，全台已有三百四十多家分店，為全球第 8 大的麥當勞市場（黃瑞棋，2001）。又如我們台灣本地的珍珠奶茶，第一家店係於台中市台中公園附近成立的，如今傳播到日本及香港兩國，相當盛行。這些例子都是說明由地方擴及全球的在地全球化。

　　而全球在地化（glocalizaton）係全球移植到某個地方來，為了適應當地的風土民俗，以便當地民眾所接受，因而不免會因地制宜而和原產地有所不同的現象。統一集團董事長高清愿曾言「在文化如果不能融入當地社會，則產品品質不必然能與銷售績效相對應；兼顧放諸四海皆準的品質，以及入境隨俗的行銷方式，才是跨國企業基本的生存之道。」（高清愿，2007）他亦說到「跨國企業的在地化是一條雙向的道路，在可能改變當地文化的同時，也適時修正公司的標準營運程序。」（高清愿，2007）諸如麥當勞在世界上很多地方，都適時修改他們的菜色，在不吃牛的印度，改以〈羊肉〉為主的麥香堡；在信奉猶太教的以色列，將肉類和乳製品分開供應。由此可見，跨國商業的普遍原則仍要為在地的特殊性作調整。

　　台灣學者周桂田（1999）即以「普遍特殊化」（homogeneity）

和「特殊普遍化」（hetergeneity）兩個概念來解釋全球化與地方化兩者共榮共存的辨證關係。健全的全球化可以是全球與地方特性兩者良性發展（周桂田，1990）。「全球在地化」與「在地全球化」的提出與發展，確實可以讓我們更加理解全球普遍性與在地特殊性之間關係。全球化的發展是由某地的特殊普化開始，但後來為了因應各地的差異性而走向了普遍特殊化（見圖 3-1 説明），在杆格衝突與融合兩者交替進行之際，卻也因此擴充了彼此的意義。

圖 3-1 全球化發展過程
(資料來源 : 作者整理)

(1) 在地及在地全球化：全球化現象的來源是在地的文化，然後再將文化傳播到世界各地去。

(2) 全球化及全球在地化：在地文化穿越時空而來的移植過程，在這過程當中需適應當地的風土民情，以便為當地居民所接受，因而不免會因地制宜和原產地有所不同。

二、全球與在地力量衝擊方式 —— 同質化與異質化並存的過程

全球化並非單一面向，而是涵蓋經濟、政治、文化等多個層次。儘管經濟全球化的結果，或許可帶來上文所陳述的風貌——世界各地有越來越雷同的同質化感覺；但是若從文化面向去思考全球化，我們可以發現全球化不僅「單向的」受到全球結構的影響，也提供了各個

地方參與的機會，而各個地方主體則有各自的特色——異質化現象鮮明。

　　因為，全球化的過程終究必須在地方的層次上實踐，而這一實踐過程並非全然只是外在力量的支配過程而已。相反的，會因為地方社會與經濟空間的特殊性，而在地方落實過程中，產生不同地方的效果；而這樣的在地化效果與空間實踐則又進一步對於全球化過程與社會空間有所轉化（徐進鈺、鄭陸霖，2001）。

　　所以，John Tomlinson 指出，全球化是一種不同趨勢與力量，相互抗衡的「對話與辨證」過程——同質化與異質化、單一化與多元化、普遍主義與特殊主義等。正說明了全球化的特質，是一種兼容並蓄百川匯集的體系，全球化與在地化是相容的，可以相互接軌的（Tomlinson，1999）。

貳、文化重構

　　美國迪士尼電影「花木蘭」，以好萊塢電影技術，融合中國文化元素、人物、演員，創造出跨國文化商品運作模式「和而不同」。

　　面對全球化衝擊時究竟是要「全球思考、在地行動」，抑或是「在地思考、全球行動」，這經常困擾著許多策略規劃者。但事實上，全球與在地之間已呈現緊密的連結。全球即為在地，而在地亦為全球。所以「地方治理」與「全球治理」雖似理論上對應，但本質上卻相輔相成，一體兩面的。如果將這些概念放在文化的架構上，我們似可推論：全球化開啟了跨文化的交流與對話，重建主流與邊緣文化新秩序

的可能性。

一、全球化開啟全球跨文化的交流與對話

　　全球化是一種單一與多樣化並存的過程，地方社會要按照在地的價值觀，對外來的生活方式進行過濾、選擇和改造之後方可接受，所以全球化並不會使在地的或民族的文化特色完全喪失而導致全球文化的單一化，相反會促進它的再生。

　　主流與邊緣文化，通過深入的交流與對話，縮小彼此間的距離，達到不同文明共存的理念，創造所謂「和而不同」的全球社會，避免走上杭廷頓（Samuel Huntington）所説的「文明衝突」，這應是全球化進行的目標。

　　諸如佛教藝術被認為屬於「犍陀羅藝術」，它主要體現在建築與雕塑兩方面。我們看到很多佛塔的特點是有方形的基座，有數層，每層上都雕刻著半立雕像及浮雕佛傳故事，最下層則為科林斯柱頭，這是希臘建築的風格。

　　何以佛寺建築與佛像雕塑沾染希臘式風格，原犍陀羅地區位於波斯與印度接壤地區，早已受兩國文化影響。接著公元前四世紀，馬其頓亞歷山大大帝東征，最後的終點站就是古印度。希臘建築風格就藉由戰爭方式傳播至中亞、中國、朝鮮，以迄日本。

　　佛教初始，被印度本土宗教婆羅門教抵制，卻受到希臘化世界（中亞）的歡迎，與希臘文化融合，形成了犍陀羅佛教藝術。

　　佛教東傳的路線，從空間上講，石窟開鑿由塔里木盆地北緣而河西走廊，由西北而中原，到了西元九世紀，完成了從龜茲向涼州敦煌再向山西雲崗石窟的發展，最終在洛陽龍門完成了中國化石窟的過

程，使佛教藝術匯聚成為中華文明的一部分。

二、重建主流與邊緣文化的新秩序

全球化使少數在地文化或民族文化跨越原有的族群與地域的界線，這種文化的越境現象會對原有以政治、意識型態、宗教等為依據的價值進行挑戰，使原有的價值體系發生質變，趨向多元。原本為邊緣文化要素將有可能成為主流文化的一部份，即產生重建主流文化和邊緣文化新秩序的可能性。

在地化與全球化相互發展的例子，在歷史上幾乎是俯拾可得。即以越南為例來說，越南曾受中國（漢、唐、明）三朝直接統治，引進中國文字、文學、藝術、農業技術。在明朝時還硬性規定越南學校必須以中國古典文學為教材、國家考試考中國四書五經；而地方的宗教慶典及民俗活動也沾染華風，在 19 世紀上半葉還以華文為國語，但越南還是發展出與中國不同的文化體系。（INSIGHT Guide- 越南，1994）以我們所熟悉的「孔明七擒孟獲」的故事來講，在緬甸山區人們，他們認為真實故事是「孟獲七擒孔明」。

文化的形成本來就不是靜止的，傳統更需要創新的活水。全球化與在地化兩者的衝突與融合就是產生新文化的機會，文化本身即具有混血的特質，並且文化的流動並不是由強往弱的流動過程，在地的文化也會透過媒介擴散出去。全球化與地方化作用的結果是文化重構。在全球化的進程中，既有文化流動，同時也生產文化。

所以 Anthony Giddens 說：全球化的結果是「多元的」，而不是「單一化」的權力中心。全球化不可能發展出「標準化」的文化，反而能刺激更多元文化的發展，發揚了許多「在地文化」。全球化「不光是

外界加諸於我們的改變力量，反而是我們對外界改變的回應力量」，（蕭富元、楊艾俐著，2004）。美國知名的社會學家柏格（Peter Berger）和政治學家杭廷頓（Sumuel Huntington）也提出「多元全球化」的觀念，意即在不同國家有不同形式或程度的全球化（Berger & Huntington、王柏鴻譯，2002）。

第三節　地方文化產業競爭利基

　　從 19、20 世紀以來，伴隨全球化的發展，眾多關心地方如何發展的經濟地理學者聲稱新經濟會在流動性更高，不具社會脈絡意義的空間（space）中運作。在新的模式裡，經濟行為發生的所在，將會是與「地方」無關的「地點」（location）的選擇。也就是，經濟行為發生的空間，就像背景一般可以更換，位在何處並不重要。只要具備基本的經濟因素，換了一個地方還是可以有同樣的經濟交易。地理因素已然不在重要，他們甚至聲稱地理因素已死。

　　在全球化下資本流動更加頻繁與快速、地方競爭加劇的情況下，地理因素真的不再重要的嗎？地方該如何因應這情境？在激烈的全球化競爭之中，地方有何因應的策略和優勢？本節將說明地方因應策略與地方文化產業的關係，並進一步分析地方在全球化下有哪些競爭利基。

壹、地方因應策略

　　一個地方在回應全球化對策，不外乎：價格策略、差異化策略，

以及隨之而來的靈敏速度。近來則是更為強調「韌性」與「永續」。

在全球化浪潮下，地方產生了各式各樣的因應方式。基本上，順著全球化特性——高度融合而又高度分化的趨勢，尋求地方發展策略。借用競爭力大師 Micheal E. Porter 的說法，就是成本領導（cost leadership）和差異領導（differentiation leadership）三項策略（Porter，1998），詳如圖 3-2 所示。

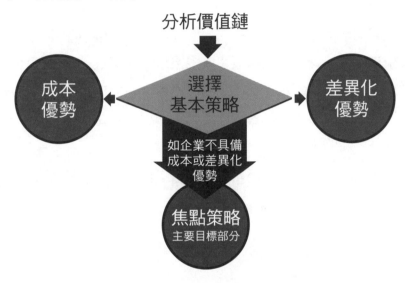

圖 3-2　Micheal E. Porter 三個基本策略
（資料來源：作者整理）

一、成本領導策略

全球化第一個影響就是在各產業產生的「擴大」現象。發生的影響誠如 Barkin（2000）提到：「在經濟活動重組過程中，地方市場讓給了國際需求，做為成長引擎；最後消費才逐漸屬於世界產品，其

元件分散在世界各地生產製造；地方企業僅能參與全球結盟以強化其在全球性生產鏈上的地位。」因此地方必須躋身在全球產業鍵、資訊或資金網的節點上，才能獲惠於全球化。於是各個地方紛紛提供各種誘因給跨國公司，優惠條件可能包括了租稅減免、實質基礎設施提供（如自來水、汙水設施、有些則是高速公路交流道）或是更一般性的服務提供（如會議中心、機場擴建）以企圖使該地方對某類型的投資更具吸引力。

這項策略以中國上海及近郊地區最為成功，吸引了亞太地區電子產業前來投資設廠，並附帶吸引金融業進駐。但在美國匹茲堡卻有不同結局，匹茲堡曾經為了都市發展，不惜以極大的財稅誘因及補助促成福斯汽車的設廠，以為會因此帶來長期稅收，工作機會等利益，結果卻遭到慘痛的失敗（廖石，2001）。

中國經驗複製到越南與印度等地區，球鞋在越南的同奈省、資訊業在印度的邦加羅爾 (Bangalore) 有印度矽谷之稱。

二、差異領導策略

所謂「差異領導策略」就是地方或城市選擇與競爭者不同的特質，並且讓自己在這些特質上獨樹一格。具體做法，第一：建構新的知識系統，讓技術升級；第二：以地域及文化特性做為創新的手法。

因為在知識經濟的發展過程中，一旦所有地理經濟被克服後，以空間、藝術，及文化便成為當代最重要的差異所在，使得空間及藝術文化不僅被欣賞，也被消費。再加上以空間為表現形態的城鄉地貌及都市意象難被複製，使得以空間為核心的生產活動，成為知識經濟附

加價值最高的類型之一，而空間便逐漸在城鄉發展過程中，形塑出新的發展機會。其中，空間更以其地域特殊性，城鄉地貌及都市意象得以回想全球化普同化的挑戰，為城鄉發展形塑出競爭優勢的空間（李永展，2006）。

這項策略在鄉村地區運用更為鮮明，由於大部分鄉村地區產業變遷速度跟不上經濟全球化的腳步，面臨發展無所適從的困境，面對全球化對城鄉角色的重新結構，及伴隨全球化而來的城際競爭壓力，所以台灣部分地區，尤其是全球化邊陲地方，就以發展地方文化產業，作為回應全球化的策略。

成功的案例，以英國一些工業城復興最為知名，諸如曼徹斯特（Mancheater）、利物浦（Livepool）等地，他們在十九世紀曾獨領風騷，但在1980年代後逐漸沒落，大都以都市更新方式重塑當地風貌，文化創意產業逐漸成為經濟的重心。

貳、全球化下地方文化產業發展利基

密切關注地球上各個地方的獨特性和文化性，同時深入背景和結構中，才能尋獲當地最適發展的利基。

選擇地方文化與特產做為回應全球化策略，最重要的目的即是希望以此連結上全球化。連結不是地方成為全球資本主義支配的對象，反而是一種積極的因應之道。在全球化時代，地方無法自外於世界的潮流與趨勢，不然連基本的生存都將面臨困難。其實，地方文化產業的「特殊性」與「稀有性」也恰好與差異化競爭的要求相符合。越是

「在地化」的文化產業，越具有地方依存性與特色，並且越具有潛力成為全球化經濟網絡的主要賣點，它可藉由全球性的媒體傳銷網絡，行銷其他地方意象產品特色，而得獲全球化觀光收益。

在全球化的時代，特殊性的差異化優勢將成為地方維持自身的運作、不再被邊緣化的重要條件之一。由於文化的特殊性可以形成經濟上的稀少性，為地方帶來利潤。有了利潤與積累，地方才能在全球化的浪潮下保住基本的生存，也才有持續發展文化的土壤。也就是説，在全球化的時代，連結是不可避免的策略。自全球化中脱勾是消極的做法，因為地方往往不是主動的連結其他地區，就是被動的被其地區連結。所以，對地方的最佳選擇是在全球整體中了解自身的定位、位置，以及其特殊性可發揮之處。惟有地方積極主動地連結，才能在全球化的時代中掌握自身的命運。

從全球化與在地化辨證中，可以清楚發現文化特色是地方最具競爭力的核心，對傳統產業有再造加價的效應，因而探索地方文化產業的競爭利基與建構產業鏈，無疑將成為地方振興的關鍵所在。地方發展文化產業的利基主要在下面這幾個面向：

一、在政治上：地方政府地位不斷提高

伴隨經濟全球化、無國界化，導致「國家──社會」發展深遠變化，國家地位不斷在下降，相反地方政府的地位卻在提高。這肇因於地方或城市恰巧位於全球產業鏈與資訊中心，使得全球主要區或城市所形成新的網絡，有取代固有主權國家系統的趨勢。這些區域或地方層級的政府在全球化和民主化的浪潮下，扮演越來越吃重的角色。尤

其關於區域經濟發展，地方政府與過去相比有了更多發展與自主的空間，又因為運輸科技、資訊技術的發達，能自由的運用資金、人力、資源等生產要素。換言之，區域不必如以往透過中央層級來分配資源，而是多了很多自行籌措資本的管道。人口多寡、自然資源、技術資本再也不構成障礙，區域政府也握有成功參與全球化經濟的元素。

二、在文化上：重建主流與邊緣文化的新秩序

重建主流與邊緣文化的新秩序全球化使得少數在地文化或民族文化有可能跨越原有的族群與地域的界限，這種文化越境現象會對原有以政治、意識型態、宗教為依據的價值進行挑戰，使原有的價值體系發生質變，趨向多元。原本為邊緣文化將有可能成為主流文化的一部分，即產生重建主流文化和邊緣文化新秩序的可能性。

這文化上的利基，來自於邊緣文化有如文化特殊性的儲存基因庫。如果地方能善用自身的傳統與特殊，並積極地創新，將非常有機會取代主流文化，創造新秩序。創新傳統是可能的。如印度尼西亞的峇里島，當地政府於 1980 年代開始透過文化政策，特別關注民間的藝術和技能、傳統習慣的保護與振興。這些文化政策後來直接滲透到地域居民的日常生活之中，於是又從這些傳統的基礎上創作了很多新的東西。

三、在經濟上：由初級產品提昇至展示體驗

全球化促進世界各國的交流，帶動觀光產業的發展，而將文化元

素加入則有加值相乘的效益。誠如麥克波特所言「在全球經濟中，大家都有的競爭優勢就不算優勢。剩下的競爭優勢要從本地發掘。」（Porter，2000）同為全國哈佛大學，商學院授潘克‧基墨威特（Pankaj Ghemawat）亦認為，儘管 WTO 的推動、通訊的發達使世界仿若是一個地球村，然而距離仍然是大問題（Ghemawat，2001）。他所指的距離因素，不僅是地理上的實質距離，更包括文化、行政與經濟的面向，而這些所指涉的正是構成「地方」的要素。正因為有形無形的「距離」使得文化產業有存在價值。

　　地方文化產的「特殊性」與「稀有性」恰與差異化競爭球相符合。「全球化」與「在地化」已經打破以往相互衝突的概念，它們是相互依存，越是「在地化」的文化產，越具有地方依存性與特色，並且越具潛力成為全球經濟網絡的主要賣點，它可藉由全球性的媒體與傳銷網絡，行銷其地方意象產品特色，而獲得全球化觀光利益。地方文化產業正是要掌握其特殊性與全球化的運輸技術，才有其向全球傳播的空間。

　　另外，商品本身的內涵也會轉變。當地方文化產業由初級產品提昇展示體驗；它的價值就不按通常的競爭所形成的市場價格定價，而是基於它們所提供的獨特價值收取更高的費用。諸如古坑華山咖啡一杯要賣 250 元，和台北市君悅飯店一樣貴，一磅咖啡豆要賣 1500 元左右，只要掛上古坑的名號都賣得「嘎嘎叫」，因為它賣的不是商品，而是商品的形象與體驗。

第四節　小結

　　綜合上述，可知全球化進程似乎是一個充滿矛盾的過程——既有全球化的趨勢，又有地方化的趨勢；既有整合化的趨勢，又有分離化的趨勢；既有集中化的趨勢，又有分散化的趨勢；既有單一化的趨勢，又有多樣化的趨勢。因此，處於這樣多重命運共同體網絡之中的城市，如何來因應全球化所帶來的機遇與挑戰，是一個地方競爭力的關鍵議題。

　　地方因應全球化的策略方式似乎也充滿對立的思維。按全球化論述的基本論點在於經濟發展機會的再結構，競爭能力是展現在地方資源於經濟效益轉換的考量上，因此地方的發展機會是在經濟再結構中透過產業介面的配置聯繫到全球化的脈絡中。第一種方式，致力成為某種特殊產業分工的地位，於是提供各種誘因企圖吸引全球投資；但如果一個地方未具全球或區域經濟網絡節點位置，則須依賴地方行銷的運作來提升具在全球網絡的連結力。

　　針對地方特性，激發地方產生內生力量，重塑地方意象爭取外來遊客到臨消費，就成了另外一種因應方式。一個地方要如何維持其獨特性以確保其經濟價值，又要保證可以進入到市場計值以銷售？David Hawey 即指出：「一地的『文化』理念之所以越來越和這些確保壟斷力量的嘗試糾結在一起，正是因為其獨特性真實性的宣稱，可以最好地展現為特殊且無法複製的文化宣稱。」（王志弘，2003）因此，一地的「文化」，就經濟邏輯而言是在全球資本主義體系下確保可獲得經濟利益的重要元素。

同時，因為交通運輸便利讓空間障礙更形減少，城鄉關係由過去的階層分工轉換為網絡合作關係，地方特色乃成為地方發展的決勝條件。於是各個地方紛紛經由文化符號來建立自我鮮明形象，並以文化產業來表現與行銷，以免消失在全球化的浪潮裡，並解決原有的社會問題。

第四章

地方文化產業推動機制

地方文化產業的營造過程，必須落實在時間與空間
的系統中，且應屬於一個動態的結構與連結關係。
而文化的永續經營，政府、社群與企業等作用者之
和諧網絡與聯盟關係的建構，形塑了一個完善的地
方文化產業發展的重要機制架構。

第四章
地方文化產業推動機制

　　地方文化產業的營造過程，是需要通過一組空間和地方向度的制度運作，來經理有關活動的互動，並且在特定的場域產生制度鑲嵌（embeddness）發展，進而從內再產生一股自發而且生生不息的經濟發展和持續成展的動力。

　　同時，在邁入全球化的世紀之後，不但衝擊著民間企業的競爭策略與型態，也改變各級政府的功能定位與治理模式。地方治理在全球化的架構下日益重要，加上知識經濟與資訊社會推波助瀾的結果，地方政府扮演著較以往更重要的角色，不僅須設法與國際接軌，提升地方的競爭力，更須強化其治理的架構，持續促進地方的整體發展。因此，我們擬藉由地方治理的概念探討地方文化產業的營造過程，建立起推動的體制。透過「解構──整合」分析過程，從近年來興起政治社會發展趨勢──治理理念探討起，進而分析地方文化產業主要行動者間的治理關係，最後則試圖整合出一個完整的推動架構。

第一節　地方治理的概念意涵

　　「治理」（governance）並不是一個新造的名詞。傳統上與詞意解釋上，「治理」與「政府」或稱「統治」（government）一詞幾乎無異，都代表國家政府的統治、管轄、支配，和控制。直至二十世紀八十年代開始，由於全球化浪潮以及後現代社會哲學的提出，

「governance」一詞的意涵才有巨大的變化。治理理論成為一套複雜且充滿爭議的思想體系；治理理論作為分析及解釋途徑，其在說明世界、國家、地方、社區、組織間發生的變化，意圖提供途徑，以闡釋國家與社會關係的新結構型態；治理理論若作為可實踐的行動，則在促進傳統政治、公共行政制度的變革，建構一種分權化、公民參與、多元中心的公共政策新典範。

聯合國「全球治理委員會」（Commission on Global Governance）將治理定義為「公共的與私立的個人與機構，處理他們共同事物的諸多方式的總和，也是使相互衝突或不同利益得以調和，並採取聯合行動的持續過程」（孫煒，2007），可見此一概念強調公私協調合作以及依存互動的特色。換言之，它跳脫出「國家—市場」或「國家—社會」的二元對立的觀念，重新觀察及思考政府在社會及市場中所扮演的角色，並開始以「新治理」（new governance）或「領控」（steering）等概念來重新界定政府的角色職能（劉坤億，2003）。其間的歷程，可如圖 4-1 所示：

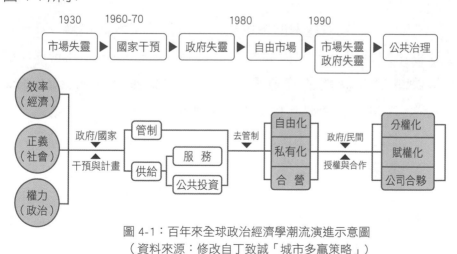

圖 4-1：百年來全球政治經濟學潮流演進示意圖
（資料來源：修改自丁致誠「城市多贏策略」）

壹、地方治理興起之因素

資本全球化是結構變化的驅動力，導致後工業時代呈現不同的特點，地方政府對本地經濟發展的參與程度越來越高，社會消費也得到重建。地方政治行動得以擴展，公私部門合作關係得以提升，出現了地方治理而不再是政府管理。

從上圖來看，治理範疇的提出和流行，乃是因為人們在社會資源的配置中既看到了市場的失靈，又看到了政府的失靈。市場的失靈指的是僅運用市場的手段，無法達到經濟學中的 Pareto optimum。市場在限制壟斷、提供公共品、消除外部性等方面存在著內在的侷限，單純的市場手段不可能實現社會資源的最佳配置。同樣，僅僅依靠政府的計畫與命令等手段，也無法達到資源配置的最佳化，最終不能促進和保障公民的政治利益和經濟利益。正是鑒於政府的失靈和市場失靈，愈來愈多的人熱衷於以治理機制對付市場和政府協調的失靈（陳林，2004）。

在此同時，地方政府的角色職能也出現相當大的轉變，其一：在分權化的湖流下，中央與地方的關係（central-local relations）已經轉換成更為廣闊的府際關係網絡（network of intergovernmental relations）；其二：由於社會結構加速變遷，導致都市化或城鎮人口的集結化情形加劇，地方政府為回應日益增加的公共需求，除了必須提昇本身專業能力，也必須結合民間力量來提供公共服務；其三：地方政府不僅要處理因都市化所帶來問題，同時也要面對全球化所帶來的挑戰，為此地方政府必須經常跨越國家界限，與其他國家的城市發展出各種競合關係（劉坤億，2003）。

可以看當代民主國家的地方治理實體，治理的界限已經相當模糊，實際參與地方治理的行動者，包括中央政府、其他地方政府、民間企業、非政府組織，乃至於國家以外的政府或非政府組織等行動者建立了各種新的互動關係，因而地方政府在地方治理過程中角色職能出現明顯的轉變。鑒於傳統的「地方政府」概念已經難以描述或解釋此種新的地方體制（new local regimes），西方學者遂漸以「地方治理」（local governance）的概念來加以補充，並將此一演變過程稱為「從地方政府轉變為地方治理」（from local government to local governance）。地方政府不想在全球化的激烈競爭過程中被邊緣化，甚至掌握發展的新契機，強化城市競爭力，應有其特有策略定位、全觀思考與在地行動。

綜合上述概要說明，我們可以發現地方治理的浮現，主要來自地方內部與外部雙重的動力或壓力所形成的，細究其因，可以歸納出下列幾點（Jon Pierre, Guy B. Peter，2002；謝崇學、劉坤億、陳衍宏譯）：

一、資訊科技與經濟全球化

資訊科技與經濟全球化之發展，已從結構改變了傳統上政治與經濟管理的模式。在網際網路的社會中，全球化已對國家之疆界、社會之階層、資源之分配、實體與虛擬社會之間的互動等都產生了前所未有的衝擊。

整個世界之政治與經濟之管理模式也隨著全球經濟相互依賴與資訊社會之來臨而需作根本的調整。而網際網路之時代來臨也將對政府未來之中央管理與政策制定產生革命性的影響，這些影響主要有下列幾點（宋學文、陳鴻基，2002）：

1. 網際網路將進一步使得國家行政機關之組織運作透過「國家主權之式微」（the erosion of state sovereignty）與「去中心化」（decentralization）等全球化效應，使得「公」、「私」及第三部門或「政府」與「民間」的畛域逐漸模糊；從而導致「去疆界化」（deterritorialization）之發生。

2. 民間或企業團體對資訊之掌握及應用能力將大大地提高民間與企業「分享」政府之政治與經濟資源，從而使政策之制定過程、執行及管理產生革命性之變革。

3. 隨著個人、民間企業及非政府組織（NGO）在資訊能力上之提升，傳統上公共事務的定義亦將隨之改變，許多政府之權力，將更需公部門以外之參與。

4. 網際網路不但對國界產生衝擊，亦會對中央與地方之劃分衝擊，使得傳統以韋伯官僚體系的行政管理在科層制度之設計上，面臨巨大之挑戰。在網際網路之資訊社會中，地方政府之行政管理已不能有自囿於地方而無處理國際事務之能力，行政人員也不能以事務官的心態視決策過程為政務性質。

從上可見，資訊科技與經濟全球化的盛行，深深改變了人們的政治生活和工作方式，也對傳統地方政府的運作方式提出了挑戰，同時是促成地方政府轉型至地方治理背後的關鍵因素。

二、新右派改革理念與國家財政危機

新右派（the new Right）改革理念是以古典自由主義的市場經濟理論為基礎，結合公共選擇理論與管理主義的論述，主張「師法企業」的策略與作法。具體的呈現是：政府採用企業民營化模式，減少公共

支出，把視為國家責任的一些領域，開放給市場力量運作；同時，中央政府也把「賦權」（empowerment）地方當作是撙結公共支出的一種手段。

這種理念與作法，以 1980 年代的英國才柴契爾政府與美國雷根政府最具代表，政府不再被認為是解決各種社會問題的手段工具，相反的，政府本身是造成這些問題的根源和原因；「最低限度國家」（minimal state）遂成為 1980 至 1990 年代的主流價值，政府的職權範圍也不斷被壓縮。

經過這股市場潮流洗禮後，地方政府必須縮小部門範圍，並開始改變原來的治理型態。地方政府逐漸不再是公共服務的獨占性供給者，其角色可以是公共服務的購買者，也可以透過公私合夥的方式生產公共服務。

三、社會變遷日趨複雜促使更多社會行動者參與地方治理

社會變遷日趨複雜，傳統地方政府處理的公共政策類型包括有社會福利、醫療健保、治安交通、水資源管理及環保污染等問題，渠等問題之解決在政策規劃時程上較著重於未來性與長久性，亦即政策內容無法快速反應地方政府所面臨的危機與需求。

但是近年來猛烈性的流行病如：SARS 和禽流感、國際恐怖政擊、及如何吸引外商到本地投資帶動地方發展等新型態的政策議題對地方政府造成極大政策挑戰，促使地方政府亟需思考如何建立快速反應政策機制，以提高治理能力。另一方面，地方政府往往再面臨人口大量外移、失業人口高增、環境惡化與人口老化等重大民生危機時，直接影響地方政府管理與福利提供的壓力。是以，現今地方政府面臨前述

政策壓力下，如何朝向地方治理體制建立，以解決新型態之政策議題，乃成為地方政府的一項新的挑戰。

總言之，「從地方政府轉變為地方治理」的位移，正是因為面對全球化的白熱化競爭中，僵硬政府，尤其中央政府已經無法因應快速變化的經濟社會形勢；相對的，地方政府能夠更直接而有彈性的回應資訊、資本、權力的流動。

再者，「政府」──這一個官僚體制本身要從內部被解構，讓它更開放靈活。第一、要讓不同的行動者和利益團體能夠介入決策過程，包括私部門、社區、各種非政府組織和地方團體，有效的治理要建立在公私的夥伴關係之上（public-private patnership）；第二、要打破行政區規劃的限制，突破不同等級、不同行政區劃的各自為政的困境，減少官僚體制下運作的成本，提高解決問題的效率。

貳、地方治理的特徵

治理指的是在管理的基礎上，加上一個影響大眾和私人利益相關人，並與他們進行協商的一更為鬆散的過程。

「從地方政府到地方治理」，指的是政府職能的轉變和公共管理的提升，這是一股去中心化的趨勢，國家向社會釋放力量，中央向地方授權，地方向社會賦權，並且摒除傳統政府或行政官僚可以主控一切公共事務的迷思。新的「治理」模式重視參與及全球性互動，冀在政府、企業與公民社會（第三部門）等多部門之間建立一種相互負責的夥伴關係，以協助解決公共問題。

美國哈佛大學甘迺迪學院院長 Joseph S. Nye 將這種政府職能擴

散的情形，用一個由九個方格組成的矩陣表示，就是強調二十一世紀的政府行動應該是中央政府垂直擴散到各階層政府，以及水平擴散到市場與第三部門的重要性（Joseph S. Nye Jr，2003；王軍等譯）。

	私 人 部 門	政 府 部 門	第 三 部 門
超國家層次	跨國公司	政府間組織	非政府組織
國家層次	公司	中央政府	非營利組織
次國家層次	地方	地方政府	地方

表 4-1 治理活動表

（資料來源：Joseph S. Nye Jr.，2003）

總之，此一新的治理架構之特色正在於具有多元的參與者、多元文化的對話、多部門的夥伴關係，以及多層次的網絡治理關係（multi-level governance），以下就諸論述如下：

一、多層次治理（multi-level governance）

在全球化趨勢下，由於國家與國家之間的相互依賴，使得國家內部的權力向上移轉；同時由於全球與地方直接連結，使得國家權力向下移轉。在上述雙重壓力的影響下，整個國家內部的多層次治理（multi-level governance）使逐漸形成。

所謂多層次治理，指的是在不同制度層次上各個治理系統之間的協商式的交易行為（李長晏，2006）。其出現是用來彌補以層級節制或命令控制為基礎的無能，所衍生出的一種重要協調工具。它是一種解放與驅逐官僚體制的方式，一方面地方政府公共服務是以議價方式來

達成，而非屈服於中央政府的規定；另一方面則主張以公私交流而非由地方政府單方面決定公共服務內容。換言之，多層次治理乃著力於不同層級政府之間及公私部門之間的夥伴關係結構，提供了一種用來解決服務運輸上供給與需求出現差距的機制。

此外，多層次治理所挑戰的不僅僅涉及空間上不同政治實體的運作，更強調每一層次彼此之間的滲透性。藉由這種滲透性以建立夥伴關係，不同部門或層次的相對優勢以一種相互支持方式加以開拓。透過中央政府、地方政府、區域組織、及民間社會彼此之間協力型夥伴治理的建立，才能有效達成地方治理的目標。

二、多元化的治理關係

Joseph S. Nye 提出二十一世紀的政府職能擴散的模式，就是政府行動由中央政府擴散到各階層政府，以及水平擴散到市坊與第三部門的現象（Joseph S. Nye Jr.，2002；蔡東杰譯）。在垂直與水平擴散下，不僅治理的格局變得更為複雜，治理的三個層次型態也變得越來越複雜，多元化的治理關係於焉形成。

在多元文化的治理關係下，政府或國家的作用正被其他角色如私部門或第三部門所補充，它仍然是最重要的角色，但並不是唯一的重要角色。換言之，各種公共的或私人的機構以及公民個人採取各種方式，共同管理公共事務、共同分擔解決公共問題的責任；強調公共事務管理中要建立國家與社會、政府與民間、公部門與私部門的相互依賴、相互協商、相互合作的關係。

Peter F. Drucken（1989）指出：「社會多元的發展已使政府無法掌握所有權力，政府的管制與干預有其一定的極限，而新的多元文化

社會也不會再以權力為基礎，而是以功能來做社會各部門任務分工的準則。」（吳英明、張其祿，2005）所以多元化的治理關係是以自主治理為基礎，允許多個權力中心或服務中心並存，強調自發秩序與自主治理的基礎性與重要性，反對政府治理權力的壟斷和擴張。

三、資源的相互依賴

所謂資源的相互依賴，指的是治理關係的各個行為者之間存在著權力依賴。也就是說，致力於集體行動的組織必須依賴其他組織；為達到目的，各個組織必須交換資源、談判共同的目標；交換的結果不僅取決於各參與者的資源，而且也取於遊戲規則以及進行交換的環境（劉兆隆，2008）。

而這種網絡夥伴關係的基礎建立在：平等、互惠與互信上。平等意謂著彼此平等的地位與需要；政府部門不是高高居上位的命令者，民間部門也非臣屬下位的受命者；政府與民間部門的互動乃是透過正式與非正式的溝通協調機制謀求彼此之間資源的分享與責任的共擔。互惠意謂為合作的目標與利益；政府提供資源的利益，交換民間與人力的分享；順著政策目標的產出，民間承擔責任的義務，換取政府公權力的分享，獲致目標利益的達成；合作創造雙贏的產值。互信意謂著相互信任；民間對政府部門的作為高度表現善意，政府對於民間部門的行動也極度充滿希望，彼此之間有水乳交融的一體感受。也唯有這種互賴與互信的情感建立，公司及第三部門間的夥伴關係方能穩固（廖俊松，2007）。

四、政策網絡的管理

從前面的討論得知，所謂治理並無一定準則，市場機制也不必然是唯一的依歸，治理是一種彈性策略的選擇與應用，它可以針對不同的問題與模式，提出相對的解決之道；而且這些行為者最終將形成一個自組的網絡，這一自組的網絡在某個特定領域中擁有發號施令的權威，他與政府在特定的領域中進行合作，分擔政府的行政管理責任。

地方治理即是針對這些自組化的政策網絡加以管理，所以 Rhodes 將治理界定為「自我組織的、府際之間的網絡」，並具幾項特點（Rohodeo and Marsh，1992；胡國堅譯，1996）：

1. 由於相互交換資源和磋商共同目標的需要，將促使網絡成員之間的持續互動。

2. 這種「博弈式的」（game-like）互動關係是以合意之規劃為基礎，經由網絡參與者磋商和彼此同意的遊戲規則來約制，避免零和賽局（zero-sum game）。

3. 一般而言，雖然政府沒有壓倒性的特權，但基於主權的立場與權威優勢，政府仍能間接在一定程度上，領控這些政策網絡。

綜言之，治理是 1990 年代興起的公共管理理論，治理就是在一定範圍內多元主體對公共事務和協同管理過程。它與政府傳統統治最終目的是相同的──為了維持正常的社會秩序，但是兩者有一些基本的差別，如表 4-2 所示：

模式 / 項目	政 府 管 理	公 共 治 理
管理主體	政府(GO)及公共部門(PSO)	政府、公共部門、非政府組織(NGO)、企業、社區組織、志願組織
管理工具	政府權力與管制	政府管制、分權與授權、多方談判、協與合作、社區自治等
體制特徵	科層制度	科層制度、合作機制、網絡化結構、自治體制
制度規範	法律法規	法律法規、合作信用、自治規則
管理方式	政府及行政管理	公共管理、社會自主管理

表 4-2 政府治理與公共治理比較表

（資料來源：郭正林，2004）

因此，地方治理的途徑，強調政府與社會的有序合作，要求改變政府統包式的管制模式為政府與社會合作的夥伴式管理模式。這種合作的管理模式主張將政府的角色定位在「掌舵」職能，即規劃、政策、監控；而將公共產品和服務的生產、供應定位為地方公共部門及第三部門的「划槳」職能。

第二節　地方文化產業治理關係

新型治理模式的觀點認為地方政府不是地方權力行使的唯一中心，各種公共和私人機構都可以在特定議題領域行使其權力，誠如台大社會科學院院長趙永茂教授所言「地方治理所涉及的決定主體，不應侷限於中央與地方政府的互動與合作，更涵蓋處於不同的公、私組織和志願性團體間的互動關係，其目的在保持各種需求與潛能之間的

動態平衡」（趙永茂，2004）。

Jon Pierre 與 Guy B. Peters 的觀點（Pierre & Peters，2002；謝宗學等譯）認為在全球化影響下，政府權力會「向上」、「向下」、「向外」移轉，運用在地方文化產業行動者間，就產生「垂直」、「水平」、「內外」三大治理關係。

壹、層級治理的分析

台灣地方文化產業層級困難：

地方政府自主財源困窘，中央政府以政治屬性決定補助款多寡。

整體趨勢：中央層級控制能力逐漸弱化。

過去與地方治理相關的研究領域中，以都市「成長機器」（Growth Machine）概念為首的都市政治理論是其中發展相當豐碩的一支。為了在地性、區域性的經濟成長，資源與能量有限的中央政府往往顯露鞭長莫及的疲態。尤其在全球化競爭的年代，民族國家的結構面對金融、資訊及人力等資本流動無法即時反應更是普遍的常態。

這也使得地方政府普遍而言，均逐漸獲得更多權力與資源；而地方上的成長聯盟（growth coalition）正以地方政府的運作為核心，外部圍繞著各利益團體，包括土地資本、開發商、地方銀行等作用者，無論是產業、房地產、金融運作等等，「經濟成長」是這組利益共同體得以雨露均霑的共同目標，也是地方政府政治正當性的來源。

因此，大體上「中央──地方」政府間的整體關係確實從單一上而下的統治關係，逐漸地導向合作、協力及分工形式的治理關係。

台灣在地特殊性：中央政府掌控力仍然強烈。

值得注意的是，西方地方政治理論仍是根據其具體的社會、經濟脈絡下所發展的實質政治過程裡加以概念化而成的；換言之，借助其觀點審視台灣的經驗時，也需注意台灣過去政治經濟條件所造成其實際發展的特殊性。

Logan & Molotch（1987）以及 Harding（1995）根據美國城市的經驗，發揮了都市成長理論的貢獻，將在地化的土地開發等經濟性議題帶入政治學的領域。然而由於國家整體規模與地方政府層級的差異，直到今天，台灣的中央政府與縣市層級政府實際的關係卻要更為緊密。這主要可透過幾個層面加以觀察：

一、位階關係：中央政府直接面對縣市政府

台灣即便在早期有省政府位階，在政策與資源分配的權限仍被中央政府所牢牢掌控；凍省之後，中央政府各項決策則是要直接面對各地方縣市政府，各項基礎設施、公共建設、產業發展等政策的落實，與各縣市政府的業務經常產生高度的重疊性。

二、財稅關係：地方政府之自主資源困窘

長久以來，即便縣市層級的地方政府，其財稅自主權均十分有限，更遑論鄉鎮層級；最關鍵的原因在於，中央政府將絕大多數的稅收均列為國稅，僅有少數列為地方稅。

因此，地方財政資源的匱乏，成為地方政治力量必須向中央政府效忠並配合相關政策之依賴關係的主因。

三、政治關係：權限重疊，使權力仍集中於中央政府

　　由於治理範圍、選區，以及政治體制等歷史特殊性，導致中央政府與地方政府的民意代表的政治勢力的來源高度重疊；然而，就縣市層級而言，現行體制所賦予的法律制定及修訂權限均相對有限得多。

　　因此，雖然各項產業及文化經濟等相關的議題可能是非常在地化的，但議程設定及資源分配的戰場卻往往仍在中央政府的層級，而非縣市地方或都市政府的層級所能置喙。

　　透過上述視角，我們已明確指出「中央政府──地方政府」間整體治理關係之特殊性，接下來即可再進一步來仔細探究其「地方文化產業之治理關係」。對於文化產業治理行動者而言，「垂直」的治理關係包括中央與地方政府之間、縣市政府與鄉鎮市公所之間的互動，因為地方政府財政相當困難、資源畢竟有限，現階段仍須仰賴中央政府在財政資源上的挹注，以及文化專業上的指導，彼此之間是否有良好的治理能力，將影響到地方的文化產業發展；又地方的文化產業發展，也需要鄉鎮市公所同心協力，才能有更長足的進步。

　　因此就縣市政府立場而言，往上需要中央政府的大力協助，往下也需要鄉鎮市公所的緊密配合。而依據近年來實際的推動情況，亦可初步從「政黨屬性及其互動」、「政策及組織的連結」與「經費補助及其運用」等三面向加以觀察：

（一）、地方政治配合度影響中央財政資源多寡

　　地方文化產業發展治理能力強弱，與中央在財政預算上撥補有很大關係，中央執政的政黨基於照顧同黨政治菁英的立場。難免會厚愛同一政黨的地方執政者，但不同政黨的地方執政者，如能與中央政

府在公共事務上，減少不必要競爭與衝突，甚至在政策議題上緊密合作，亦能爭取到佳財政預算補助。

易言之，中央與地方執政者政黨是一致的，即使財政預算補助日趨於常軌化、制度化，中央仍保留著若干的彈性處理空間，可以「愛屋及烏」，照顧同一政黨的地方執政者；但不同黨地方執政者也不該處處和中央唱反調，影響原有的政治、行政關係。反之，中央與地方執政者的政黨是分立的，可能會在先天上有一些不利之處，但如能在各項的重大政策議題上，強化與中央政府的互動合作關係，也能爭取得到財政預算的補助。

（二）、中央政策直接介入地方文化產業之育成

文化產業的興起，某種程度上可說是由上而下的宣示及資源加碼所催動。近幾年來，文化經濟的潛力被中央政府所察覺，行政院才宣示要將台灣從「工業之島」打造為「觀光之島」，要提升國際觀光與文化創意競爭力，也就是改變過去以工業經濟為發思維式，因應全球文化與觀光產業的最新發展趨勢，以及國內服務業經濟轉型、升級的政策意圖。

又中央政府擁有財政資源的優勢，也擁有人力組織優勢，從國家公園、國家級風景特定區的劃設經營，到協助地方政府行銷各種慶典活動，都可挹注可觀人力、資源，對於地方的觀光發展具有「加分」的作用。因此，地方政府除了在文化政策上與中央相連結，在文化組織上也應與中央政府相關部會組織保持良好合作關係。

（三）、中央經費挹注及地方政府之運用

政府推動文化創意產業與觀光客倍增計畫，增加文化觀光及相關經費預算的編列，一方面由中央直接執行，另方面則透過補助地方政府的方式帶動當地的觀光投資。由於地方政府年度財政預算入不敷出，近年來短差情形相當嚴重，財政困難情形有增無減，如多爭取到中央政府的預算補助，對於地方文化觀光推動，才能多一分的勝算。

　　不過，爭取中央經費的補助固然重要，如果自力更生，運用各項經費得宜、得當，更能有助於地方文化與觀光產業之發展推動。也就是說，地方的財政資源畢竟有限，每一分錢都必需花在刀口上，將有限的資源做整體、有效的運用，避免不必要、重複的花費。

貳、部門治理的分析

　　台灣地方文化產業部門難題：

　　分屬文化部、內政部、經濟部、農委會、國發會……等部門管理，缺乏整合機制，在地方政府亦若如此。

　　在文化觀光治理行動者的「水平」關係上，是指縣市政府相關局室之間在文化觀光發展議題上的競合情形，尤其現代政府組織結構分化和功能專業化，更需要縣市長在政策上主導和統合，以及在施政策略上的規劃與行銷，地方才能擁有較好文化觀光治理能力，此外，縣市議會基於監督縣市政府的職責，對於觀光發展是否有良好監督，亦相當重要。而歷任縣市長在觀光發展議題上的努力是否有效延續，或者在觀光發展議題上的突破能否成功創新，也都攸關觀光治理能力的高低，以及觀光治理績效表現。此一治理關係，本文稱之為「部門治

理的分析」。

　有關「部門治理」的研究內涵，經依近年來地方文化觀光政策的實際推動狀況，區分為「政策的主導及統合」、「策略規劃及行銷」與「政策的延續及創新」三個面向，其說明如下：

一、政策的主導及統合

　因為地方政府最貼近在地的聲音與民眾需求，在分權化的趨勢中，地方政府擁有較佳的自主能力，可強調地方的差異性，發揮地方的多元化特色，作為地方治理的主要行動者，地方民選首長肩負主導政策走向的責任，需有效領導地方執政團隊，按施政輕重緩急的優先順序，以有限資源，協同觀光治理的其他行動者，共同面對、解決地方的觀光發展問題。

　地方民選首長最應重視執政團隊組成與運作。因為團隊成員各有法定的業務職掌與分配的經濟預算，彼此之間的互動類型，從合作、協商、衝突到對抗，均將影響地方治理的過程與成果，團隊成員能相互協商、合作，有利於協助首長創造較好施政績效，而成員之間的衝突、對抗，則有損團隊和諧與施政績效，需民選首長居中協調各成員的意見，統合各成員行動。

二、策略規劃及行銷

　地方政府面對競爭時，要先分析所處內部、外部環境，以了解本身的長處、弱點為何，進而找出機會與威脅所在，如此才能擬訂出妥善的策略。對於促進地方的觀光發展，也應該有良好策略規劃，此可以師法企業進行所謂 SWOT 分析，找出地方政府在文化觀光發展上

的優勢、弱勢、機會、與威脅。但策略規劃之所長在於分析，然而真正策略卻來自整合（synthesis）。這種整合，一方面建立在企業所擁有的核心能力上，另一方面又基於人們的「策野心或意圖」（strategic or intent）（許士軍，2000）。策略的成功，靠的就是把許多事情（不是少數幾件事）做好，而且整合得當（天下，1997）。

　　至於「策略的行銷」方面，前台中市長胡志強認為一個城市發展觀光時，應重視城市給人的感覺、城市的行銷以及城市的交通治安這三項條件。宜蘭縣政府也認為觀光發展首重行銷，行銷的手法不勝枚舉，然而透過「活動」的行銷手法，是最能感動人心的。文化觀光發展的行銷能否產生預期效果，包括觀光客人數的倍增，或是文化觀光產業活動帶來有形無形的效益等，基本上，都需要強化地方的行銷。

三、政策的延續及創新

　　由於地方民選首長都有四年一任的限制，一些需要長期推動的政策，其治理績效往往不容易在其任期內顯現，除非地方民選首長競選連任成功，或同一政黨接任的首長能延續其施政主軸，否則一旦政黨輪替或首長易人，難免「人去政息」，原有政策形同擱置，無以為繼。又如同一地方民選首長，執政四年，每年均有不同的政策理念，不但給人有「搖擺不定」不知如何配合執行的感覺，且如前後年的政策矛盾，凡事均須從頭做起，就更難彰顯其治理的能力與績效。

　　又文化觀光政策或策略，所應對的內、外在環境可能已有變動，需要進行新一輪替的策略規劃，地方民選首長必須衡酌施政新的思維系統與行動方法，依其施政理念與領導風格，凸顯更新或充實原有的政策方向與內涵。此時，在原有政策或策略的基礎上創新，才能符合

內、外在環境變動的實際需要，也能滿足民選首長的政策判斷，主動創新和超越前任首長的治理績效表現，更有助於地方的長期文化觀光發展。

參、公私協治分析

台灣公私合夥關係，從 BOT 到 PFI，從文創產業到基礎建設。

誠如本節前段所指出，過去當整體建設愈是仰賴國家直接干預，地方政府僅扮演配合者或執行者角色，其他部門包括私部門或第三部門的介入相對而言就顯得較為有限。然而這樣的情況到今日已完全改觀，且不僅限於文化相關產業。這主要基於各項社會經濟情勢的變化。

一、地方內部環境及公私團體關係的變化

成長機器理論從都市發展的領域出發，指出除了地方政府之外，外圍的各項多元團體組織均影響著地方空間及產業的發展（Stoker，1995）。

更重要的是，基於地方社會的複雜性，有由許多制度與作用者交織成相互依賴的關係網絡，因此在地產業與經濟發展之治理並不是特定的幾方作用者即可掌控。所以，治理機制不僅是不受限制的機器，而是一組穩定的「治理政權」（governing regime），是跨越公私部門、多方組成的聯盟，藉由合作引入個別成員所擁有的制度性資源。

在這樣的聯盟當中，無論是公部門或私部門，已不見得有共同的目的，亦無法獨力行使權力，而是透過這個穩定的關係網絡，設定合

作聯盟的行動主題。而利弊得失，則需視取得相對優位的成員如何運行推動其策略方案而定，於是地方政府的公權力不再是上而下執行，而通常用於促使行動（inducing action）發生與持續運作。

二、外部競爭的加劇及整體社會的進步

隨著國家權力逐漸下放，區域經濟競爭逐漸強化時，地方政府更需要其他部門的力量加以配合。在歐美國家，由於 80 年代以來雷根──柴契爾政權的思維是選擇性地弱化國家在公共設施與議題上的投入，以「自由化」、「市場化」的口號將包括住宅、鐵路等集體消費與基礎設施事業加以民營化，其中最有名的例子即是英國鐵路的民營化。這樣的政策思維，主要仍是來自國家財政赤字嚴重，將治理責任下放的整體環境背景。

國家角色弱化雖然使地方政府扮演更吃重的角色，但地方政府無論是財政狀況、人力資源及各項條件亦十分有限，於是對區域性逐漸勃興的民間力量，包括開發商、銀行、大學與研究機構、公會團體、其他非政府組織等也不得不更為重視。

在這樣的意義之下，地方產業的發展方向、發展方式以及推動機制的制定等等，不再是由國家統一制定，主導者也並非地方政府，而是一組「治理政權」（governing regime），是公私部門之間不同群體的聯盟，藉由合作引入個別群體所擁有的制度性資源。地方政府公權力主要在於促成行動產生，而非命令與控制的系統。

在文化觀光治理行動者的「內外」關係上，是指公部門與私部門（包括非營利組織）之間的互動，主要是縣市政府在互動過程中，透過各種的公私協力機制，爭取私部門的參與、配合，引導民間資源、

活力，注入地方的觀光發展上，也就是公共事務的處理，涉及公權力行使部分，固然應設法授權私部門在合法的規範與適當的督導下，代替公部門執行授權範圍內的事務，「民間部門能做的，政府部門不要做」；連同本來應該是民間部門需要自己處理的觀光事務，更應該回歸市場的機制或社區的精神，無需由政府部門代為處理，以釐清公部門與私部門之間的角色分工，並建立觀光發展的公私協力機制，充分結合政府部門、民間部門（包括非營利組織）的資源和力量。此一治理關係，本文稱之為「公私協力治理的分析」。

從「社會──政治」治理理論的設計觀點而言，要處理治理互相影響的複雜性，必須把治理的相互影響，分成三個不同的治理方式或形式：自我的治理（self-governing）、共同的治理（co-governing）、階級的治理（hierarchical governing）（Kooiman，2001）。其中的「共同的治理」，是利用互動的組織機制，來達成治理的目的。行動者之間有廣泛而有系統的交互作用，包括合作、協力、溝通等等。

地方政府通常在經濟發展上，扮演一個重要而有力量的角色，因為，「麻雀雖小，五臟俱全」，政府部門可以透過公權力的行使，指導、管制，甚至干預民間部門行動，但效果總是有限，尤其在地方財政赤字嚴重年代，政府部門不可能「高高在上」，總攬全部的文化觀光事務，而民間部門在自由市場機制的運作下，相對地具有多元化、靈活的特性，應該積極引進其意見、力量或資源，也就是納入觀光發展的整合推動機制，成為地方協力治理重要環節之一，公私部門共同促進地方觀光的整體發展。

公私部門夥伴關係（PPP）是社會──政治治理的特殊形式，這幾年來已經成為研究興趣的核心。公私部門之間合作，至少部分受到經

濟、社會、政治與文化變遷影響。結果是這個問題逐漸被表達出來，如果透過公私部門行動的結合，而不是行動的分離，某些議題可以被更有效能與更有效率地處理。這些合作，通常與公私部門夥伴關係相關。

　　基本上，協力合作影響行動者期待去進行互動。此外，其比分開的行動，能賦予更多的效能與效率，他們的目標也不會相互矛盾。所以，私部門手段，可以對公部門問題有所貢獻，或是公部門的手段，可以用來反應商業的機會與威脅。同樣地，透過有關部門相互一致的保護，公私部門夥伴關係在相似的組織中顯得獨特。顯然地，公私部門夥伴關係，被視為是特殊治理的相互影響（Kooiman，2001）。公私部門夥伴關係的觀察分析，在本文是指公私部門的治理行動者，在某些文化觀光活動或發展議題上的整合程度而言。

第三節　地方治理下的推動機制

　　在全球經濟再結構之下，地方政府積極介入地方經濟發展，促進地方經濟繁榮、創造就業機會、增加地方稅收，以吸引新的形的企業投資，也就是意味著地方治理模式發生轉變，地方政治由傳統的分配政治邁向成長的政治。知名城市研究學者 David Harvey（2000）將此視為地方治理策略從管理主義轉向企業主義的大規模變遷。本節重點，即在探討地方文化產業在這種的治理模式下，究竟是如何建構發展機制及運作。

壹、發展機制

政府、社群、企業建立起「地方文化永續成長三角」。

地方文化產業的營造過程，必須落實在時間與空間的系統中，且應屬於一個動態的結構與連結關係。而文化的永續經營，政府、社群和企業等作用者之和諧網絡與聯盟關係的建構，形塑了一個完善的地方文化產業發展的重要機制架構。

一、發展趨勢

台灣地方文化產業發展機制的形成，一方面是受 1980 年代的新自由主義、1990 年代的全球化、2000 年代網路科技影響；另一方面則是與台灣民主化政黨政治形成有關。這是一個多層次、多面向交疊的衝擊影響，有其重要的歷史意義，對台灣地方政治而言。

1. 中央—地方政府關係：從單一依賴走向雙向互動

全球化在 1990 年代以來，對台灣最重要的影響，就是以迅雷不及掩耳的速度，改變了台灣發展軌跡，產業快速外移中國大陸及東南亞。政府為因應這種變化，開始朝新自由主義轉向，先後制訂金融自由化（1989）、核准新銀行設立（1991）、民間參與公共建設（1994）、國營事業民營化（1995）……等政策，地方政府在經濟事務逐漸取得自主權力從初期的積極執行計畫到後期開始躍居相對主導地位。

在此同時，台灣民主化也開始牽動政治空間層級再結構化，1994年直轄市長與省主席直接民選，地方自主意識高漲；緊接著 1998 年

正式凍省後，中央必須直接面對直轄市及各縣市。到了 2000 年總統大選，更發生史無前例政黨輪替，結束了台灣長期以來一黨獨大的局面，自此台灣進入戰國時代，中央與地方分庭抗禮，以及地方與地方間競爭日趨白熱化。

在這幾股力量交會之下，舊有政治結構受到衝擊，地方權力有了重新組構的可能性，中央為了回應地方壓力與需求，一些與地方建設相關計畫，諸如「社區總體營造計畫」、「創造台灣城鄉風貌示範計畫」……等，不再依附在短期的擴大國內需求方案下，開始有固定預算持續推動，成為政府部門一項中長程實施計畫。2003 年行政院所提政策白皮書「挑戰 2008 國家發展重點計畫」更將各部會相關的「社區總體營造」計畫整合為「新故鄉社區營造計畫」，自此，正式地將國家政策直入地方經濟發展脈絡裡。

2. 政府──非政府關係：從公私對立走向公私合夥

在全球化的同時，政府面對財政的短缺以及產業外移的窘境，它的角色正從社會再生產面向轉向開發與生產面向，如何繁榮地方經濟成為縣市政府重要責任。

因此，政府透過公私合夥模式啟動一連串的開發建設案，自1994 年 12 月公布「獎勵民間參與交通建設條例」獎勵民間投資高速鐵路及高雄大眾捷運系統等交通建設，大量民間參與公共財提供正式開啟。緊接著南港軟體園區創新工業區開發模式，由工業局與私部門合組「世正開發公司」共同開發。可見，私人資本在 1990 年中期以後對地方開發的影響力愈來愈高，而政府對私人資本的依賴也日漸提升，台灣政府 / 非政府關係，已經從公私對立邁向公私合夥。

更有甚者，污水下水道系統、傳統路燈替換智慧路燈系統等財物無自償性的基礎設施，皆已採用 PFI（private finance initiative, 民間融資方案）制度，即公部門向私部門採購服務，公部門不需出資興建公共設施，而以合約方式向擁有該項資源的私部門購買服務，如桃園市、新北市替換智慧路燈方案。

二、機制形成

從上討論得知，治理所重視的是一種跨越公、私部門限制結合，政府與民間力量之平行權力網絡關係，或是其他跨越不同層級政府及功能領域的互動協調機制（林欽榮，2006）。運用在地方文化產業的推動機制上，就是在利益關係人──政府、社群、企業間建立起和諧的網絡與聯盟關係，成為「地方文化永續成長三角」（辛晚教等，2005）。如 4-2 圖所示：

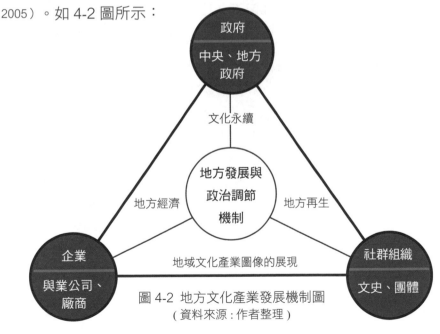

圖 4-2 地方文化產業發展機制圖
（資料來源：作者整理）

在「成長三角」當中，文化相關企業是文化產業發展和政治制度建構與存在的經濟基礎；政府的作用則是整合社會與地方重要資源的調節模式，並引導文化企業延續發展的支持者。至於社群組織則為產生制度觀念中「意識形態」的主要來源，並藉以凝聚地方文化發展的共識，形塑地方文化的獨一性，和加強文化永續的體質和持續性。

「政府」、「企業」、「社群組織」三者間的連結與互動形成網絡關係與空間，決定地方文化產業的發展。他們三者的夥伴關係是建立在：平等、互惠、與互信的基礎上。換言之，政府部門不再是高高上位的命令者，民間部門也非臣屬下位的受命者；政府與民間的互動乃是透過正式與非正式溝通協調謀求彼此之間資源的分享與責任的共擔。

在這種機制轉變中，政府或國家的作用正被企業或社群組織所補充，它仍然是最重要的角色，但不是唯一重要的角色，它的功能正從「政策制定者」往「政策協調者」的方向發展；至於企業與社群組織則從「完全受制」往「相對自主」位移。

貳、運作流程

中央政府挹注資源、引導方向，地方政府承上啟下，專業規劃設計，民間熱心參與。

政府、企業、社群組織之間夥伴關係構成地方文化產業的發展機制，但究竟如何運作？就推動者而言，是更為務實課題。我們將操作流程繪製程圖（圖 4-3），並分成以下幾點說明。

一、縣（市）政府

居於整個運作流程的中心節點，先彙整縣（市）政府相關處室、鄉鎮公所或地方文史團體就地方特色所研擬初步方案；經篩選初審向中央提計畫申請，如內政部營建署「台灣城鄉風貌整體規畫示範計畫作業須知」就規定：直轄市及縣（市）政府為提案單位。

另一項工作，就是俟中央補助金核定後執行發包作業，或是轉由鄉鎮公所（地方團體）執行。如需配合款，縣（市）政府必須分期核撥並督導考核。

二、中央政府

成立中央評審會，分兩階段審查，第一階段邀請各地方政府代表（景觀總顧問、業務主管、副首長）參與審查及投票；第二階段，則由中央部會就入圍之提案進行複選。審查結果，排定各申請計畫優先順序及經費，相關補助款都須納入各縣市的年度預算，接受當地議會監督。

成立中央督導團，分北中南三區組織，主要工作：協助中央部會審核地方政府執行情形，並進行專案輔導，舉辦計畫宣導會等，做為中央主管機關的諮詢幕僚單位，督導團由內政部營建署等組。

三、鄉（鎮）公所

　　鄉鎮公所必須組織地方發展聯盟做為帶動地方文化產業發展的主要動力，組織成員包括：地方政治組織、社區居民、社區組織及公私營機構等。在建構同時，亦可藉此凝聚地方向心力及地方文化意識。

　　另一工作，就是執行縣府或中央政府經縣府轉撥的補助款，辦理硬體項目的測設發包，或是軟體項目的籌畫及舉辦。在地方文化產業的營造過程，鄉鎮公所市站在第一線也是不可或缺的角色。

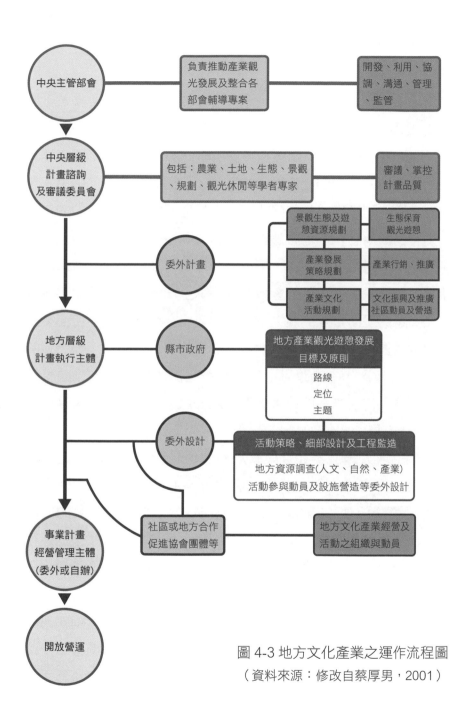

圖 4-3 地方文化產業之運作流程圖
（資料來源：修改自蔡厚男，2001）

參、運作難題

「地方發展主義」已形成，中央政府仍藉由稅制操控地方發展。

為因應全球化競爭激化，政府雖已制度化形式（institutional form）政策的建構，來試圖緩和負面衝擊的影響，然而整體過程中雖已逐步提升地方政治與社會力量的考量，但仍過度著重於中央完全主導並直接介入到基礎設施的建設，也未見地方財政自主能力的有效提升。這樣的取向在當前地方意識抬頭和資源爭奪白熱化的情況下，使得中央政府的財力日趨沈重，中央的行政負荷亦在前述地方政府未能有承接的體認缺失下，幾近癱瘓。在面對全球化衝擊的壓力下所帶來地方經濟急速亟盼重整的壓力下，地方政府在民意迫使下所必須對經濟成長的負責壓力，轉化成為對中央政府的高分貝喊話，和惡質的競爭與資源的分食，中央政府不僅在整體經濟的提升上未見顯著的成效，反倒捲入前所未有的政治衝突與糾葛之中，窒息了原本期待制度化的管理機制。

為促進地方經濟、社會與政治的合理發展，進而健全地方的經濟，適度的國家介入與必要的扶值地方自主能力的提升，則是一個「制度環境的經理（institutional governance）」所必須著眼的方向；其目的無疑是想要藉由和諧的政治、經濟、社會與文化政策的運作，對外使得台灣得以扮演國際社會之重要角色，但又能降低國際化所帶來的衝擊，在內部之地方發展面向，區域資源可以發揮最大效益而地方資源亦得有效動員，進而建構合理完整的分工網絡制度與體系。地方政府角色亦如 Sellgren（1991）所指，在經濟發展的過程中扮演重要的角色，它不僅因肩負著重要的責任與義務，而賦有應積極主動營

造地方特色（locality）任務，藉以凝聚地方意識和建設的共識，同時也應該真切體現到地方發展的需求、潛力和機會，進而在經濟發展的角色中有主動出擊的地位。即地方政府負有承擔地方經濟發展的重要責任（轉引自周志龍，2000）。未來有關制度環境的經理上，地方財務的自主權限的強化是一個絕對必要的趨勢，而為促使地方的經濟資源得以充分利用，則應積極鼓勵地方競爭與合作機制的建立，並允宜擴大引導民間協助地方建設力量和相關策略的形成，使得地方經濟的自主權回歸於地方，中央則善盡督導與邊陲落後地區的提振工作。

第四節　小結

地方治理與產業結構、全球發展趨勢有著緊密的關聯。在 20 紀工業化時代，凱恩斯主義引導下，國家提供廣泛公共服務，社會福利持續擴張，政府的支出幾乎佔了國內生產總值的 50%左右。

20 世紀 80 年代開始資訊產業發展，工業出現去國有化，政府通過限制自己的經濟管理作用以保持較低的通貨膨脹；同時公共服務的規模開始縮減，服務目標更具選擇性，城市治理模式從管理主義往企業主義位移。

也就是說在全球化衝擊下，加上資訊科技發展，知識成長以及客製化需求增加，新的治理形式逐漸成形，這些治理形式既不是靠市場，也不完全由組織科層來監管，我們稱之為夥伴關係。

夥伴關係必須有效管理，並創造不同市場或政府關係的差異，其效益才會真正顯現。換言之，以相互信任為基礎，集結——價值鏈上

的政府、企業及社群團體之共同力量，發展成為緊密之協同合作與知識分享的關係及整合的生產網絡。

　　地方文化產業推動機制的最佳治理結構，是以依賴較大比重的夥伴關係，來取代傳統的垂直整合及現貨市場關係。如此一來，可以凝聚地方認同意識，透過空間與產業連結，形成一套結構性的地方生產模式來振興地方經濟。

　　意味著市場的紀律與價值被運用於非個人的、政治與社會中立的公共服務領域，或就是英國社會學家紀登斯（Anthony Giddens）所稱的「第三條道路」。

第五章

地方文化產業發展邏輯

文化如何化約變成「產業」，產業如何加值變成「文化」，為地方文化產業落實的關鍵。透過「產業定位」與「文化加值」，產生一個地區產業的稀有性與獨特性；再者藉由「跨領域的整台」創造出「生活氛圍」的體驗，最後則以「節慶活動」方式強化地方魅力。

地方文化產業發展邏輯

地方文化產業在台灣的發展，起源於許多非都市地區面臨人口、產業外移的問題，這些地區希望透過行銷文化或產業的方式活絡經濟、促進產業轉型。於是這一波為了刺激經濟發展的策略，搭上了全球消費文化的列車，並且配合著前政府「社區文化產業」的輔導政策而進行。雲林古坑咖啡的出現，即是將地方歷史人文「產業化」，轉化為具在地特色的咖啡產業與觀光地景，同時週邊產業透過這個「文化加值」加入整個產業鏈。一方面刺激原有的產業鏈，一方面也激發出新的產業，創造就業機會，振興地方。

如同其他地方面臨的共同議題，現今全球資本主義下的社會是一個以消費為主的社會。要掌握這樣的社會發展特色，不可或缺的分析工具是消費文化社會理論。本章擬從消費文化的概念談起，說明當代消費文化的概念，已經由「文化工業」轉向「文化經濟」。再由文化經濟推論：「商品文化」在現今消費型態的社會中的意義。接著，由商品進到產業層次，討論台灣當前在全球經濟與消費社會下的現況，文建會曾推動「文化產業化、產業文化化」政策的邏輯。最後第三節，則論述文化產業如何形成產業鏈提升地方整體經濟，最後試圖整理出整體發展脈絡。

第一節 消費文化社會理論的概念意涵

在今日，越來越多的文化是由消費所創造出來的，同時也有越來越多的消費是由文化元素所構成的。「消費文化化」與「文化消費化」以陰陽相剋相吸的方式緊密地結合在一起。這樣糾結的關係所產生的作用力量正在全面影響當代的人類社會，而不是只侷限在消費或是文化領域內。我們如何看待文化與消費的糾結關係？一方面，將消費文化放在整體（巨觀）的脈絡進行分析，跳脫生產／消費、物質／精神二元對立，積極探索期間的結合關係；另一方面，則是將消費文化放在行動（微觀）的脈絡裡進行分析，以「異質化」與「多元化」的觀點取代「同質化」與「中心化」，積極去掌握不同消費者如何以不同的方式與消費文化互動（劉維公，2001）。

壹、當代消費文化的發展脈絡：文化經濟

文化資本是一種共同傳統和集體想像資源來創造公共私益。

文化資本主義尋求將這些共同財富私有化，將其吸納到商品的流通中，並充分利用它。

當代消費文化社會理論家提出文化經濟學概念，以試圖呈現出文化活動與經濟生產二者之間所存在的相互作用。如 Paul du Gay（1997）所指出的，文化經濟學概念同時具備理論分析意涵及實際社會變遷意涵：一方面修正傳統政治經濟學在分析上對文化的輕視，另一方面則是突顯經濟的文化化（culturalized）發展趨勢。文化經濟學強調的是，文化積極介入經濟活動，成為核心的影響力量。面對資本主義此一發展趨勢，研究者必須在分析上除了考量政治經濟學之

外，同時不可忽略文化經濟學的重要性。

Jean Baudrillard（1988）消費文化理論的論證「要成為消費的物品，物品必須先成為符號」。符號在理解文化經濟學上的重要性在於，一方面消費的目的是在消費符號，而另一方面消費商品的生產是在創造符號價值。換句話説，符號是文化活動與經濟活動的共同命脈。不是功用好壞（使用價值）或是價格高低（交換價值），而是產品的符號價值，成為現今資本主義有效的獲利基礎。生產具備符號價值的物品，往往並不需要運用到太多的勞力成本，例如生產一雙 Nike 的球鞋，其勞動成本只要 2.60 美元。然而，Nike 充分運用充滿強烈影像美學的廣告（尤其是 NBA 球星 Michael Jordan 作為商品的代言人），為其商品創造出驚人的符號價值，一雙 Nike 球鞋的定價可以高達 80 美元。人們購買 Nike 的商品，不只是為了其商品的功能效用，同時是想要擁有其商品所承載的符號意義（Goldman & Papson，1998；轉引自劉維公，2001）。

物品本身不等於符號。物品必須藉由加工的過程鑲嵌進文化系統中，沾染上文化意義後，才能夠讓自己變成是符號。這類的工作不是經濟部門的傳統工作者（如生產線上的工人、組織管理人員等）能夠勝任的，因為使物品成為符號的加工過程，其工作性質基本上與提高產能及產量無關，而是與意義的詮釋息息相關。想要創造物品的符號價值，必須先瞭解哪些文化意義是可欲的符號，然後才能以涵義化的方式將這些慾望符號轉嫁到物品身上。須注意的是，符號與符號之間的差異決定物品的符號價值。物品一旦成為符號原本具有相同物質特性的物品在符號差異作用下，卻可以成為不同的商品。

貳、消費文化生活世界的建構機制：
生活風格與生活美學

當社會裡「尚美」的風氣成為主流倫理，「美感」也就取代純「財富」，成為人與人競爭和分野新標準。

從上一段的說明可以看到，在巨觀結構層面上，由於符號成為共同的運作元素，當代的消費文化發展與新型態的文化經濟緊密結合在一起。本段則從微觀層面上，去探討現代人如何與消費文化互動，進而建構出其歸屬的生活世界。

在消費文化生活世界的建構過程中，有兩個主要的運作機制：生活風格與生活美學。生活風格是與消費文化互動後所表現出來的具體生活形式，而生活美學是與消費文化互動時具有決定力量的樞紐。二者的關係是相當密切。一個人所擁有的生活美學，透過生活風格，轉化為具體的日常言行舉止。一個人的生活風格表現，則是以生活美學為依歸，而呈現出整體的生活形式（劉維公，2006）。

在消費社會裡，物或商品已取得它在當代社會中的關鍵位置，商品世界已不單純為滿足需求存在，更指涉人類社會生活形式和文化實踐行為。消費，不再是單純的物品耗費和購買，也不是經濟和效用的過程，而是一種涉及到符號或象徵的社會、文化過程。它所關涉的包括：生活風格、階級品味、慾望認同、日常生活實踐的影響效應。

消費社會的生活與風格息息相關，「生活風格」必須具備下列兩項特質：一是意象傳達（presenting image），另一則是美學體驗（aesthetic experience）。簡單來說，生活風格是人們具備意象傳達及

美學體驗的生活模式。生活風格是特殊的表現與體驗，所謂意象傳達指的是，人們希望藉由生活風格將自己所持有的生活哲學與理念明顯地表現出來，而所謂美學體驗指的則是，這些由生活風格所表現出來的生活哲學與理念具有強烈的生活美學色彩。透過這兩項特質，可以瞭解到，與眾不同的或是固定的行動習慣（如飲食、購物等習慣）並不等於是生活風格，雖然一旦生活風格建立之後，會表現出與其他個人或團體的生活差異，以及會有固定的行動出現。

生活風格的內部生成因素指的即是生活美學。在生活美學的引導下，現代人往往會參與與自己生活美學相切合的活動，擁有與之相切合的物件，結交與之相切合的人群，出現在與之相切合的空間。由於生活美學此一核心的存在，日常生活會朝風格化發展。如同畫家用畫筆畫布表現風格，一般人則是在日常生活中以生活風格展現自己的美學主張。

擁有生活美學的技能，與消費體驗有相當密切的關係。仔細觀察當代的消費活動，可以注意到一明顯的趨勢，就是越來越多的消費產品訴求的是體驗，體驗也越來越成為現代消費者想要從消費中獲得的東西，這是伴隨生活美學而來的發展趨勢。

從上分析，生活風格與生活美學兩者建構的消費文化世界，與文化經濟是相呼應。消費文化是在整體的脈絡（即巨觀的社會結構與微觀的行動意義兩者的相互作用）下發展。文化經濟源源不斷地供給經過設計具有美學性質的貨品或服務，美學事物變成是現代人日常生活的基本情境因素。在現代社會，美感不再是屬於少數人專有的特權，而是大眾的經驗現象；美感不再是生活中稀有的事情，而是不斷遭遇的對象。生活風格與生活美學可以說是現代人不斷累積日常美感經驗

之後所沉澱與結晶的思想與行動模式。

很多徵兆顯示台灣的製造經濟已經走到了發展的瓶頸；而以美感、風格為主要消費型態的消費社會正在台灣新興成形。自 1995 年起台灣的平均國民所得就大約已經停滯在一個水準不再成長，後起的中國大陸製造業也帶來巨大衝擊。台灣各大科技公司近年紛紛投資設計工業設計中心，商場、廣告中能引領議題和購買風潮，並不是由那些功能性消費商品，而是由符號性消費所引起的熱潮。這顯示了符號性消費已在漸漸取代商品的功能需求。美學、感覺、設計，以及這形式、象徵符號背後所代表的生活素質、品味、風格漸漸成為台灣一般社會大眾在消費時的主要考量。風格，代表了一種有外部感受的具體形式，但它又是一種抽象層面的哲學思考，是一種發乎形於外的「臉客」。從名牌的追求，到對於美感品味的學習，台灣正在浮現風格消費的社會。

風格的創造須有依據，通常援引自地方的人文、歷史、地景、產業，銜接上大眾潮流，成為創新時尚。近年來，台灣許多面臨人口、產業外移的地區，配合著政府對於「社區文化產業」的輔導政策，試圖「開發地方文化資產」，將文化「加值」，期盼透過「行銷」文化，推動產業轉型升級，創造高品質的地方產業發展，重新振興地方經濟榮景。一時之間，各種「原鄉時尚」蔚為風潮，成為台灣各地的「地方發展」策略。其中，「社區文化產業」在政府的發展計畫中被定義為「是依據創意、個別性（產品的個性）、地方的傳統性、地方特殊性，甚至是工匠、藝術師的獨創性，強調產品的生活性與精神價值內涵。」更有學者進一步標定出這項產業的特質為「生活的、共用的、人味的、內發的、小而美的」。近年來台灣各地的具體的實踐則包括

了傳統鄉土文物、民俗活動、地方特色產物、文化慶典與地方觀光文化產業等。

　　本研究計畫所探討的古坑咖啡產業個案，一方面與台灣社會發展趨勢相符合；另一方面，它以在地風格文化、歷史，企圖在普同性潮流中區隔開來，在某種意義上來講，開創本土咖啡的消費風格。

參、建構地方文化產業發展邏輯

地方文化產業發展邏輯：
一、產業定位與區隔
二、產業形塑
三、跨領域整合
四、打造品牌行銷
五、消費或體驗

　　地方文化產業在台灣發展的地區希望透過行銷文化或產業的方式活絡經濟。這一波為了刺激經濟發展的策略，配合著前政府「社區文化產業」的輔導政策而進行，打出「文化產業化、產業文化化」政策，可以說現今「文化產業」一詞在全球化的脈絡下，是文化保存活絡，要向企業借取 know-how 的通關密碼了。文化與產業的問題不再是文化該不該變成產業；而是，文化要如何變成產業，文化成了一個新興產業。我們擬借用消費文化理論的概念意涵，運用在地方文化產業的推動上，試圖推演出地方文化產業發展邏輯。消費文化理論概念與地方文化產業運用方式對照（郭曜棻，2007），如表 5-1 所示：

消費文化理論概念	地方文化產業運用方式
壟斷地租（David Hawey，2002）創造文化商品的獨特性，真實性與特殊性，進而建立壟斷性	依文化特殊性，稀有性來選擇地方發展策略產業
尋求歷史裡強大的社會與論述基礎	從地方之歷史文化與自然景觀來創造壟斷地租價值的力量，為地方產業文化的資訊加值方式
將商品與地景符號化，並賦予象徵價值。符號價值為文化與經濟接軌重要交會點	透過地方產業的文化設計加值，讓地方文化產業成為一種符號
符號價值的差異邏輯作為真正的消費邏輯，換言之符號與符號之間的差異決定商品的符號價值	地方文化產業與地景等，不僅要符號化，此等符號更要他者區隔，創造有價值感的符號差異，以為符號化的商品與地景創造利潤
創造具價值品牌的擬像消費，除了創造符號的差異性外，更需要創造名牌的符號	地方文化產業透過各種管道與包裝，使其成為具有價值的品牌，讓到此地的消費的觀光客引以為傲
意象傳達、美學體驗，作為生活風格的展現	地方文化產業所要營造與傳達的是無法被取代的意象，並讓消費者在此體驗屬於自身品味的生活美學

表 5-1 消費文化理論與地方文化產業運用對照表

（資料來源；郭曜棻，2007）

從消費文化理論概念與地方文化產業運作的對比，我們不難推演出地方文化產業的發展邏輯為：

（一）產業定位與區隔

（二）產業形塑 （文化加值）

（三）跨領域整合

（四）打造品牌行銷

（五）消費或體驗

第二節　文化產業化與產業文化化

　　風格的創造須有依據，通常援引自地方的人文、歷史、地景、產業，銜接上大眾潮流，成為創新時尚。近年來，台灣許多面臨人口、產業外移的地區，配合著政府對於「社區文化產業」的輔導政策，試圖「開發地方資產」，將文化「加值」，期盼透過「行銷」文化，推動產業轉型升級，創造高品質的地方產業發展，重新振興地方經濟榮景，這就是所謂「文化產業化、產業文化化」的策略目標。

　　「產業文化化、文化產業化」從字面上看來，似乎產業與文化是兩個不同的面向需要互補學習。事實上，文化產業化與產業文化化為兩項不同的概念。文化產業化指的是將無形具以生命內涵的文化化為兩項不同個概念；後者的「產業文化化」則是在既有的產業中賦予內涵注入新意與生命元素，使產業商品具有豐富的文化性意義和價值。

　　然而該如何在物質性的產業保有精神面的文化化，在抽象的文化中找到物質的施力點，才是巧妙的平衡處。這正代表人生命中的物質與精神兩種欲求層面文化的平衡。台灣所談的「產業文化化、文化產業化」注重政策與經濟面，為了活化地方經濟獲取更高的經濟價值，或為了拯救某些沒落的產業，具體的做法便是由內而外具體地呈現。經濟背後是以文化作為基礎，以「內發性」的產業振興著力；文化的永續與創新需要經濟體系來給予新的活力和刺激。因此，產業與文化需要整合與共榮，以產生新的創造性、創造力。所以「文化產業化、

產業文化化」具體策略如下：

壹、產業定位與區隔

　　產業定調與定位，是為產業在市場上找到應有價值，或是塑造更高的價值，通常的作法是透過差異性或獨特性來創造經濟稀有性。

　　在工業化大量生產的普同性質潮流之下，產業需要定位與區隔。文化內發性的發展對產業具有鮮明的區隔作用，形成對外性的競爭力。通常，社區文化產業被認為是一種「內發性的地方發展策略」，期盼透過在地文化的認同與形塑，同時帶來地方經濟的效益。

　　地方文化產業的操作方式，就如同 David Harvey 所言：「一地的『文化』理念之所以越來越和這些確保壟斷的力量嘗試糾結在一起，正是因為具獨特性真實性的宣稱，可以最好地展現為特殊且無法複製的文化宣稱。」（王志弘，2002）。Harvey 還提到，一地的獨特性是在其「象徵資本」上的競爭，一地必須「提昇它的象徵資本係數，以增加它們的區辨標記」。

　　因此，一地方的「文化」，就經濟邏輯而言是在全球資本主義體系下以確保一地方可獲得經濟利益的重要因素，在 David Harvey 的論述中，不論是酒類銷售、觀光或其他各式消費行為，一地的「特殊文化」，是確保其他及所產生的任何物品，都能在全球脈絡下具有經濟價值的最重要方法。

　　就一個國家、國族、民族而言，一地的「文化」，除了可以獲致上述所言的經濟價值外，具更重要的是，可以返身回來建構其社群的歷史感，並進一步由歷史感建構認同感。所以，地方文化產業是以其

文化特殊性的特質來創造經濟上所謂的稀少性，並依此為選擇發展的策略作物。

按下來進行 SWOT 分析，俾利選擇單一作物作為發展主題。SWOT 分析的用意，在於更透徹地瞭解自己在現實狀況中的優勢與缺點，聚焦強項且導正缺點，讓地方集中火力在市場的機會以及所處專業領域中的威脅。

SWOT 中的 S「優勢」與 W「劣勢」，代表的是地方切身的競爭條件。我們可以將「優勢」視為得以和成功連結的資產，所謂的資產是可以自己建立的；至於「劣勢」則需設法改善。SWOT 中的 O「機會」及 T「威脅」，指的是未來可能會影響發展的元素。

貳、文化加值

文化如何化約成「產業」，產業如何加值成「文化」，為落實重要關鍵。

所謂「文化加值」就是思索利用文化元素，提高既有服務附加價值的機會，嵌入故事性、多元文化與生活時尚等內涵，並結合虛實兩種媒介，以文化和附著產品形成加值新內容，達成提升服務精緻化與同步滿足顧客精神與心靈豐富感受的目標（陳旺聖，2008）。

文化產品係針對文化典藏所蘊含的文化因素加以審視和省思，並運用設計將具文化內涵轉換成日常生活用品，並滿足顧客在使用器物的精神層面。地方產業發展為具有文化特色的產品，是奠基於如何將地方的「文化特色」轉換為產品的「創意設計」。

就設計程序而言，文化產品的設計可以分成：擷取文化風格特色、

形成設計概念模式，與完成文化產品設計等三個步驟，如圖 5-1 所示的文化創意加值的模式。

　　就文化創意加值而言，第一個階段是如何把原始的「文化資料」，賦予意義，經由「資訊加值」，成為有用的「設計資訊」；在經由分析歸納，透過「知識加值」，變成可用的「創意知識」，形成有價值的「智慧財產」（林榮泰，2006）。

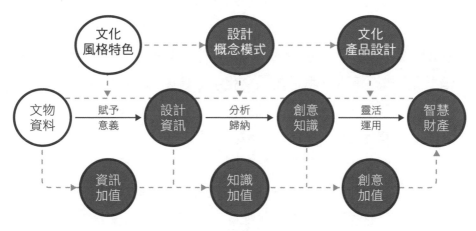

圖 5-1 文化創意加值模式圖

（資料來源：林榮泰，2006）

　　但問題是，每個地方都有許多傳統文化及生活型態，究竟要呈現哪一種；因此呈現什麼樣的地方文化特色，可以成為代表地方產業的產品風格特色？

　　其次是，地方本土的文化風格如果能夠反映轉換在產品設計上，是否可以產生獨特鮮明的地方文化風格？達到將無形的文化特質轉換成有形的商業價值。

「傳統」如何得以「加值」？將文化能夠變成「產業」？就文化本身而言，是需要經歷過幾個主要的過程。首先，即是自身文化的「他者化」。這個過程將「文化」本質化為一組標示地域意象和行為的獨立體系，社區文化產業定位出那些賦有異國情調或者浪漫懷舊的「他者」。在地民眾本身的聚落及生活，被重新定位為「傳統的」。

　　其次，既然要成為一項「產業」，那麼「傳統」便需要透過一套「物化」的過程，而且，必須將複雜多變的歷史以及文化紋理，化約為簡約易懂的版本。同時，這個「物化」的過程通常是充滿許多編造與發明，透過許多「被發明的傳統」將文化的單一版本定調，界定出什麼「是」或「不是」我們的「文化」。最後，則牽涉到一個關鍵的步驟，即「商品化」。這個「商品化」的過程，是地方文化產業植入市場社會邏輯的關鍵（劉介修，2007）。

　　從上說明我們可以了解，為了吸引觀光客，必須塑造地方的獨特性，而這種獨特性經常仰賴於特定的風景、歷史傳說、特產、史蹟的營造等，共同形成了觀光客所期待看到的「異國風味景象」。換言之，建構出來的不見得是本地原來的歷史或樣貌，而是迎合觀光客凝視和快感的地方意象。

參、跨領域的整合

跨領域整合有兩種方式：

第一種模式是垂直延伸，向上或向下發展產品價值。

第二種模式是水平延伸，即圍繞一個中心旋轉產品的價值。

「地方文化產業」是一種強調「生活氛圍」的體驗產業，包括了

親身、娛樂、教育與美學體驗在內。在創意競爭的經濟市場中，創意內涵、設計策略與應用，將從單一產品的功能取向轉向區域文化、美感品味、客製服務的整體體驗。地方文化產業經濟類型也將從以消費產品核心的工業經濟，轉向以消費生活型態體驗的經濟。

在分析丹麥創意產業發展的《丹麥的創意潛力》一書中提到：「我們是邁向經由經驗產生最大價值的新經濟。」（丹麥文化部、貿易部，2003；李璞良、林怡君譯），Pine & Gilmore 在《體驗經濟》一書中提到，所謂的體驗經濟「就是以服務為舞台，以商品為道具」（Joseph Pine II & James H. Gilmore，2003；夏業良、魯煒譯）創造出值得消費者回憶感覺活動的高附加價值經濟。

所以，體驗經濟主張一種通過「親身經歷」的市場消費的新核心價值，讓消費者投入設計的「體驗」商品，它讓消費者的身心轉為消費過程中最重要「消費對象」。也使「文化」在消費過程中扮演有史以來的增值的關鍵性角色。因此，農產品是可加工製造的，商品是實體的，服務是無形的，而體驗是難忘的。消費者「購買體驗」是花時間享受所提供一連串身歷其境體驗的感覺。

「體驗」的經濟價值也遠高於任何商品、服務，誠如 Pine&Gilmor 所言：「形形色色不同的生活經驗，它們就更容易強調自己的獨特性質，而不必按通常的競爭所形成的市場價值定格定價，而是基於它們所提供的獨特價值收取更高的費用。」（Josep Pine II & James H. Gilmore，2003；夏業良、魯煒譯）。

在資訊全球化年代，單一層次的經驗似乎不再有競爭力，如何結合多層次、多領域的個別經驗，打造出「跨領域的整合經驗」，似乎更能創造經濟效益。

地方文化產業因為是地方整體經驗的產品，但目前似仍停滯在販售單一產品，如何與其他領域異業結合或與鄰近地區結合，發展出「套裝式產品」推動文化產業往文化觀光發展，應該是地方文化產業未來努力的重點。

第三節　節慶活動與地方行銷

經由上述三階段逐漸成型的地方文化產品，要在世界地球村文化版圖中脫穎而出，必須舉辦活動建立品牌，讓地方品牌發揮魅力。活動透過多變的「形式」（節慶、嘉年華、演唱、展覽等正是以滿足人性的深邃需求），促動參加者到現場藉由形與體，產生驚奇、感動、理解⋯以便和活動宣示目的意義產生連結，形成集體感染力，最後引發參賽者（現場或事後）的行動力（消費、報導、商務合作、贊助等）活動現場的形式體驗與感受總和成為參加者個別與集體的「記憶」。

地方文化產業通常以節慶方式來強化地方魅力。因為將地方傳統或文化以慶典的方式市場化，一方面有助於靜態、軟性的旅遊型態進入大眾市場，讓觀光客從中體驗民情，並且滿足對文化的好奇心；他方面藉由節慶舉辦來聚集人潮，創造節慶，經濟增加觀光收入。

壹、節慶活動的意涵：符號、儀式、價值

地方文化產業通常以節慶活動方式來強化在地魅力，讓觀光客從體驗民情，並滿足文化好奇心，休閒經濟收入也跟著增加。

在全球化的浪潮推波助瀾之下，「在地化」、「本土化」的口號

越喊越是起勁，而尋找地方特色，結合產業文化並加以行銷推廣，更是成為台灣近年來許多縣市政府、地方社區積極發展與振興地方經濟的主要策略，其具體實踐就是台灣各地上演一個接著一個的節慶活動。

但是「節慶活動」的操作除了博取熱鬧人潮之外，其實應該有很深層的人文意涵——有傳說、有信仰、有美感匠心，更有圓融人際（洪萬隆，2005）。換言之，一個節慶需要具備三個要素：符號、儀式以及背後價值，缺一不可。

一個節慶能否得以傳承最重要的是其背後價值理念，這也是一個節慶的生命力泉源。「耶誕節」蘊含價值理念是「普愛」，世人是否認同正是節慶能否盛行全球的深層原因。「春節」背後的價值之一在於中國人的「家庭觀」與「和諧社會」的理念；「一夜連雙歲，五更分二天」，除夕夜，全家團聚在一起，吃過年夜飯，點起蠟燭或油燈，圍坐爐旁閒聊，等待辭舊迎新的時刻，已經構成民眾的集體回憶。

因此，地方文化產業的節慶活動，其真正核心價值乃在「地方」，在於讓地方住民凝視對於土地的認同與力量，其共識的觸媒在於不斷辨識地方文化脈絡的本質，以及對於「真實地方意義」的珍視與尊重，方能強化其地域識別與自明性，也才能夠真正深化地文化的集體想像與認同。

地方文化產業的推動，透過節慶形式連結地方各個節點。一方面是要「面向內部」，意味提供地方或社區生活更為細緻的人群溝通；另方面是要「面向外部」；意味著要吸引更多的觀光人潮，也惟有如此，文化節慶活動才不致落入資本主義商品邏輯之中，不致讓地方營造更為珍貴的價值淪喪。

貳、節慶活動效益：從「節慶活動」到「節慶產業」

節慶活動講就文化深度和生活美感強度。

所謂「節慶產業」，除了活動產生的直接利益，諸如門票收入、活動園區內販售所得等直接產值外，主要的經營在兩方面。其一，將做為節慶主題的元素、結構，包裝成一種目的性消費商品（最好是體驗的），而且要能夠對消費者產生磁吸作用，例如雲林古坑「台灣咖啡節」的咖啡，屏東「黑鮪魚文化觀光季」的黑鮪魚，彰化花博的花卉等皆屬此類；另一則是藉由節慶主題元素將周邊環境既有的特殊文化、景觀、產物等結合成一個大的消費指標的。換言之，乃將消費板塊結合擴大，甚至因結合後的消費型態改變而產生消費板塊的位移（洪萬隆，2005）。

諸如，古坑「台灣咖啡節」乃試圖將當地特殊作物——咖啡轉化為節慶元素，再將雲林草嶺、劍湖山遊樂世界的旅遊、華山的製紙業、交趾陶、柳丁、鳳梨、火龍果以及斗六的茂谷柑、文旦，結合擴大成大的消費板塊，以獲取更大的產業效益。

但是「節慶產業」不管是目的性消費商品或是擴大消費板塊的產業結合，都要經過嚴謹的產品設計與產值推估，講求文化深度與生活美感強度，否則，短暫的炫目效果只能博取一次消費，產業根基無法建立，奢談「節慶產業」，無異緣木求魚，不切實際。

參、節慶活動與地方行銷

節慶活動：地方文創產業不廣而告的方法。

台灣過去十餘年來如火如荼進行的地方節慶，大部分不是源自舊有生活時序中敬天地、謝鬼神的傳統儀式；在現代社會中，我們創造許多新的節慶，在主題上，不再拘泥於過往的限制，「童玩」、「爵士音樂」可以成為地方的新形象。即使主題是地方傳說的產業，像「天燈」、「咖啡」等議題，在型態上也已脫離感恩與分享的基調，而朝向動員、曝光為目標。這與我們琅琅上口的「愛丁堡國際藝術節」、「亞維農國際藝術節」或京都祇園祭最明顯的差距在於——這些地方節慶是在「地方行銷」觀點出現前即已誕生、存在當地居民生活的一部分。而台灣的新興節慶，多半是在行銷地方的目的下被規劃出來的的，它的代言功能幾乎是存在的唯一價值，這樣的地方節慶，比較像是工廠生產線上的某一項產品，而產品設計變成為製造者的責任與權力。這樣的產生背景與流程，某個程度上限制節慶使用者（居民、遊客）對節慶的參與感與需求感，若以行銷觀點來看，創造者與使用者的疏離感，是新興地方節慶的先天缺憾。

文化真實性與節慶特殊性的衝突則是作為地方行銷的後天失調主因，試想，當沒有面具嘉年華時，人們去威尼斯旅遊的節慶需求如何被滿足？滿街販賣的面具是否代表了威尼斯生活的真實？天燈作為訊息傳達的工具，和「天燈節」時萬頭鑽動、千燈齊發的奇觀，何者比較接近文化？種種為了行銷而設計的「文化觀光」，必須承認並接受人們對置身在一個由衍生文化元素所包圍的不真實世界的需求與反感。

文化的發展，一方面有多元發散的趨勢，另一方面似乎有個堅定的方向。遊牧文化被農耕文化所取代，而工業文化正在被一個我們尚無法清楚掌握，而暫名為後工業的文化所取代。如果文化發展是有方向性的，那麼歷史取捨的標準是什麼？有些文化留下來了，但是更多的文化消失在歷史的寒風裡。他們作錯了什麼——譬如說焚書坑儒；或者作對了什麼——譬如說設立龐畢度文化中心，才會有如此不同的下場？也許，文化發展真的有個方向，具備一套核心價值。某些作為違逆它，使一個文化逐漸消失，某些作為則順從它，使另一個文化生生不息。地方節慶、文化商品也是如此，我們一方面欣喜透過「她」，地方得以被看見和聽見，但我們依然遺憾活動中不能容納更多對傳統保存、再生的期待，甚至會有「那畢竟是外來的想像與闡述、並不是地方的事實」之類的評語；但是，誰也無法否認，文化藝術（或稱文化娛樂）的力量著實不容小覷，至於當浪潮來時，如何順勢而上、如何不被淹沒在商業利益的波濤之中，已經不是文化活動本身所應處理或可控制的，而是整個社會是否足夠成熟（李靜慧，2008）。

　　世界三大民俗節慶活動：義大利威尼斯面具節、巴西里約熱內盧狂歡節、法國尼斯花車嘉年華，或可作為操作借鏡參考。

　　其中威尼斯面具節起於 1162 年城邦王國打敗阿奎萊亞宗主教所舉辦的慶祝活動，戴面具與改裝身份暫時打破社會門第的壁壘分明，在聖馬可廣場擠滿唱歌、跳舞、狂飲和嬉戲的人潮，這在中世紀以海洋立國且最豐饒城邦的威尼斯，反映著當時社會氛圍。

　　而後不斷加入時代新元素並夾雜稀奇古怪的道具，諸如划船比賽、踩高蹺、穿「斗篷」與「波托披肩」，歷千年而不衰，成為地方節慶活動的典範。

肆、數位口碑形塑地方魅力

數位口碑經濟打造品牌放大魅力。

在 Google、Youtube、Facebook、Twitter、TikTok……等社群媒體、鏡像媒體推波助瀾下，使用者每一次點擊動作都會影響口碑的高低放大成果，形成所謂的個人品牌化、社會評價化、經濟共享化的效果。

泰國觀光局就是應用數位科技行銷箇中的翹楚，提供免費機票、飯店住宿及各種優惠給予 Youtuber，讓他們在線上或線下盡情宣傳「Amaze Thailand」。例如四月份推出泰國新年「潑水節」節慶活動，在清邁則主打體驗泰北文化的「天燈節」，泰國一年遊客數達三千餘萬人次之多。

所謂數位口碑經濟就是以互聯網＋平台為使用者評價動力的市場，運用大數據（Big Data）與大分析（Big Analysis）的巨量數據中萃取預測資訊趨勢後，口碑的影響力就順勢發展得極為順利，放大地方魅力。

今（2023）年中國山東淄博市燒烤夯爆，就是應用數位流量造就最佳例證，所謂「一頓燒烤帶火一座城」。新冠肺炎期間，山東省政府將省內大學生集中在於淄博市管理，淄博市政府曾提供一頓燒烤給學生享用，讓學生感動不已。學生因而相約於解封後要到淄博市再用一頓燒烤大餐，用手機串聯，造成網路流量爆增，形成一股到淄博吃燒烤的風潮，單單今年三月外地旅客就超過五百萬。

淄博市政府見機加碼音樂秀加喝啤酒，並祭出山東大漢來保護外地旅客，成為中國「燒烤之都」，預計中國「五・一」或「十・一」長假，人潮將超過八百萬之多。

第四節 小結

　　文化產業的目的是創造一種文化符號，銷造這種文化和文化符號，同時也透過這樣的運作機制達到文化自身的保存。20 世紀 80 年代，日本學者日下公人從經濟學理論出發，對文化產業所做的這種定義和闡釋，既體現了文化與經濟的結合，也體現了哲學、心理學與經濟學的結合。這種結合在 21 世紀發生了新的變化，文化不僅與經濟結合，而且與政治相互交融，文化成為綜合國力的重要標誌。這種變化在經濟領域中最顯著的標誌，則是文化產業化以後的產業文化化。另一種表述是，文化經濟化、經濟文化化、文化經濟一體化。文化與經濟、政治相互交融的世界趨勢，引起文化、經濟領域的轉型，強調經濟、政治、文化協調發展。

　　產業與文化兩者並進發展也是透過區隔、協商來產生一個地區的特殊與獨特性。區隔是透過不斷強化內部的文化生活時，與外來的文化型是區隔競爭。區隔並不是封閉的發展，而是對於核心競爭力的不斷強化與再認識，是特色的強化與展現。同時，在展現特色的過程中，這種在地性無法避免的要與全球化取得協商。全球化的力量已深入世界的每一個角落，除非是離群索居的社群，否則面對全球化，以及如何在其中保存自我將是一個普同的課題。提升地方文化的功能，在介入全球，與全球資本交流，與外來強勢文化交流時，又須具有抵禦「全球性在地生產」壟斷的警覺性與反省力。以彈性靈活的姿態在全球化的架構下，協商出一種展現與再現地方文化產業的生活方式與特色。這就是一種「產業文化化、文化產業化」的具體實踐，促進經濟與文化的活絡。

上述的地區內部產業與文化的整合、與對外的行銷品牌打造都需要地方政府與企業、民間團體聯合的協商與共同治理。在區級政府的部份，治理的結構必須重整，將觀光與產業經濟的振興作為規劃策略的主軸，並授權合宜的單位層級來落實執行。文化產業長期的方向就是進行區域內跨域整合、不斷創新品牌、提昇民間參與、深耕在地思考、活絡社會資本，找出地方獨特的、不容移植的，又可以帶動地方繁榮的文化產業。府際合作並拉入民間的力量，才能帶動整體觀光休閒產業，吸引國內外觀光客，創造國內的經濟成長。其運作流程，如圖 5-2 所示。

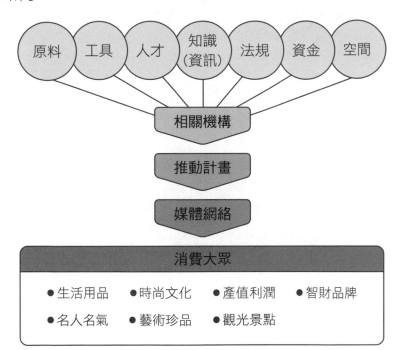

圖 5-2 地方文化產業發展邏輯圖
（資料來源：作者整理）

第六章

古坑咖啡產業個案分析

古坑在提出「台灣咖啡原鄉」口號與標題的
同時，古坑咖啡產業已從一級產業：咖啡豆、
二級產業：咖啡製造，升級至三級產業：觀
光服務業。古坑咖啡產業所提供的服務，不
再只是咖啡產品而已，而是整體的感受與體
驗，是一種「跨領域的整合性經驗」。

第六章
古坑咖啡產業個案分析

古坑，一個雲林山邊的小鄉。2003 年舉辦「第一屆台灣咖啡節」即成功搶下台灣咖啡的代言品牌，堪稱是台灣地方文化產業的傳奇。究竟是古坑的好山美景奏效，還是劍湖山遊樂世界周邊效益，抑或是地方因應全球化策略成功？箇中緣由，頗值得探討。

本章由前面幾章所歸納而來的全球化與在地化辯證，地方治理與推動機制、產業文化及文化產業化等觀點來檢視古坑咖啡產業的營造過程及成功的關鍵。

第一節 古坑為什麼要推動咖啡產業

古坑隨著台灣農業結構改變，農業生產成本日漸提高，大部分農產品在國際市場已經失去比較利益，主要經濟作物從麻竹筍、檳榔，到柳丁不斷更換即可見一斑。緊接著而來的是，台灣加入 WTO 及兩岸農業跨界連結的深化發產，農業全球化，農產品大量進口，使古坑經濟更加捉襟見肘，如何面對這種困境，如何從既有資源發展出一條生路，成為古坑鄉的最重要課題。

壹、古坑背景資料分析

古坑，位於台灣國境之西，緊鄰嘉南平原的第一道陵線，居高臨下眺望遠處，風景秀麗卻也是「三缺」最嚴重的地區。

古坑鄉位於雲林縣東南邊緣地帶，境內土地約一萬六千餘公頃，占全縣八分之一以上，幅員廣大，居全縣之冠。古坑鄉為雲林縣地勢最高的區域，海拔為 60 到 1750 公尺，地勢由西向東遞增，境內山谷溪流綜橫交錯（周麗蘭，2003）。古坑鄉地區斷層交錯綜橫，促使地質結構增添複雜性，形塑高低起伏的地勢，造就古坑多處瀑布、曲流、懸崖峭壁等自然優美景觀。

在都市化與工業化過程中，雲林縣各鄉鎮的人口逐漸外流，古坑鄉亦不例外，人口數約三萬五千多人。整個台灣經濟快速成長變遷，朝向三級產業發展，雲林縣的產業轉型依然是相當緩慢（陳國川，2002）。古坑鄉內有二十個村莊，地方經濟以一級產業為主，依地形坡度的緩升，各村莊的特色產業也不盡相同，以柑橘、麻竹、茶等作物為大宗，詳述如下：

一、自然環境

該鄉位東經 120 度 35 分、北緯 23 度 37 分，東為草嶺村曲坑仔，銜接南投縣竹山鎮與嘉義縣吳鳳鄉，西為麻園村、新莊仔與該縣斗六市、斗南鎮接壤。南為草嶺村鹿仔與嘉義縣梅山、吳鳳鄉為鄰。北為棋盤村里、為雲林縣轄域最廣、山地最多之鄉（雲林縣政府，2000）。

二、地形

古坑鄉位於雲林縣東南部高地地區，東西寬 23,000 公尺，南北

長 12,500 公尺，東西峻嶺綿亙，向西漸漸傾斜，高低起伏甚大，海拔由 60 公尺到 1,750 公尺之間。轄區內山地多，平原少，清水溪、大湖口溪等自該鄉由東向西流（雲林縣政府，2000）。

三、氣候

該鄉距北回歸線 20 餘公里，屬亞熱帶地區，氣候溫和，年平均溫度在 22℃，以一月份最冷，月平均溫度為 15℃，除草嶺、樟湖之外，其他各地最冷日之平均溫度依然在 15℃以上，七月份最熱，月平均溫度為 29℃，山區為避暑的好地方（雲林縣政府，2000）。

四、名勝景點

古坑的名勝景點計有：慈光寺、地母廟、三泰宮、貝殼化石區、璋湖十六景、草景十景、石壁風景區、劍湖山世界、石頭公園等（雲林縣政府，2000）。

五、農特產

農特產有麻竹筍、柳丁、愛玉仔、野蜜蜂、百香果、香蕉、木瓜、古坑茶、芭樂、菸草、大尖山金針、草嶺苦茶油等，其中，麻竹筍自日治時代即廣植，面積近七千公頃，居全台之冠，現漸趨沒落，產業為茶園及果園所取代（雲林縣政府，2000）。

六、人口變遷

古坑鄉於民國 67 年時人口數為 37,570 人，至民國 86 年時則降低為 36,547 人，到 97 年 11 月止人口數則為 35,000（古坑鄉公所，

2008），廿餘年來人口大多為負成長，顯示古坑鄉之產業與社會發產狀況已漸不符合時代潮流。

貳、選擇「咖啡」過程

面對全球化競爭壓力，邊陲鄉鎮為突顯地區特色，運用地方文化符號於文化商品的設計，成為近廿餘年全球各地提昇地方競爭力，競相使用的模式。

古坑主要經濟作物——麻竹筍、檳榔、柳丁等，隨著台灣產業經濟結構改變，逐漸在國際市場失去比較利益，諸如：麻竹筍已為泰國與中國大陸所取代，檳榔價格競爭力遠不如東南亞進口貨。

緊接而來的是農業全球化，過去提供農村居民工作機會的食品工廠又紛紛外移中國大陸；大型企業（劍湖山遊樂世界除外）又因為基礎設施不足，缺乏群聚經濟效益，不願在古坑鄉投資，結果造成該鄉產業的空洞化，正面臨「社會三缺」的問題，也就是就業、教育與婚姻機會的缺乏（周志龍，2002），連帶而來的街景，不止連鎖店稀少，也沒有全球化象徵的麥當勞。

所幸的是，古坑的地形地貌天然美景，吸引出身該鄉的陳鏡村、陳哲芳兄弟，結合日本企業於 1990 年返鄉設立「劍湖山遊樂世界」，包含機械遊樂設施、高科技視聽設備、休閒飯店等。根據雲林縣政府統計，劍湖山遊樂世界一年大約吸引 200 萬人次遊客。

但古坑鄉一般仕紳，對劍湖山遊樂世界並不具好感，認為它屬於封閉型園區，打從遊客從入園到出園，所有消費均在區內發生，對古坑幫助不大，當地人認為只會破壞道路製造車禍而已。換而言之，劍

湖山遊樂世界與古坑鄉經濟並未直接連結。誠如一位古坑鄉民感慨地說：「劍湖山打從一開始生雞蛋嘛，放雞屎一大堆，在台三線尚未拓寬前，所有遊覽車都需經村內小路才能抵達劍湖山，遊客進入園內後也不幫忙賣古坑鄉農特產，對古坑鄉幾乎是負貢獻」。

在這種時空背景之下，筆者負責研擬「斗六、古坑震災地區災後重建策略」（草案）時。第一個考量點是如何讓劍湖山遊樂世界與古坑鄉經濟發生直接連結，也就是讓一年 200 萬人次遊客的人潮如何化成錢潮，對古坑鄉在 921 震後經濟振興才會有所助益。

第二個考量點是用甚麼作物去推動？是當地產量最多的作物？還是其他特殊作物？當時古坑鄉長謝淑亞女士（現任雲林縣副縣長）跟筆者說，古坑鄉產量較多的農產有竹筍、柳丁、鳳梨，是不是可以選這幾種來代表，這樣比較可以照顧農民。

筆者提出一種想法，要讓外地人想要來，才有可能創造經濟效益，如此竹筍、柳丁、鳳梨才有可能賣出去。要讓外地人，來就要讓他感受不一樣。首先的原則，就是只有這裡有，其他地方沒有；其次，和當地歷史人文、地理景觀連結。依循這兩個原則，去尋求地方文化產業的作物。筆者建議用「咖啡」做為古坑的地方特色。其理由如下：

1. 因為柳丁產地很多，很難創造地域的獨特性；台灣咖啡產地，只有雲林古坑、台南東山、南投蕙蓀農場、花蓮、屏東等地而已。

2. 古坑鄉荷苞村在日據時代就有一座咖啡烘培廠，而且自 1933 年由日商「圖南株式會社」自巴西引進咖啡苗，種植於古坑鄉的荷苞、華山、華難、桂林、樟湖等地，有其歷史淵源。

3. 古坑鄉的華山是中央山脈臨嘉南平原的第一道陵線，有 7、8 百公尺，天氣好的時候，可以看到南投、彰化、雲林、嘉義、台南五

縣市，甚至是台灣海峽。

4. 咖啡經濟價值較高，台灣一年有 50 幾億的市場，世界一年有 800 多億美金的市場（韓懷宗，2000）。

這套試圖從人文做為出發點，連結當地自然景觀，構成空間治理的論述，獲得古坑鄉公所認同，筆者遂於 2001 年在中國時報雲嘉版發布這項構想，爭取輿論與社會的支持。

參、討論與分析

古坑選擇「咖啡」作為地方文化產業發展主軸，是以具「地域特殊性」和衍生（spin-off）的產業網絡，加上文化本身無限的知識（knowledge）和創意（creation）為基礎成功置身於全球網絡的節點上，成功吸引了城鄉交流和觀光體驗，成為古坑新興且主領的潛力產業。

一、選定地方文化產業作為發展主軸

古坑在全球化過程中，逐步淪為全球化災區，受到進口農產品替代作用，農業生產不足支應農村經濟，導致年輕人口外流，現住人口老化的「空心村」問題，使古坑經濟再造變為相當困難。

古坑必須尋求發展定位，以營造地方競爭力。但以它位於台灣地理的邊陲位置，想躋身一般產業鏈的戰略位置根本不可能，甚至是節點位置都有相當困難，必須另圖出路。

然正因為古坑開發緩慢相對落後，也保留了台灣農業發展原始風貌與人文歷史，反而為發展地方文化產業提供重要資源，與鄉內「劍

湖山遊樂世界」一年 200 萬人次遊客相連結，文化產業與觀光資源結合，在差異中顯示互補，在系統中群峰競秀，相互競爭、相互照應、相互提昇的效果便會產生。

從全球化與在地化辯證中，可以清楚發現地方文化產業的「稀有性」與「特殊性」恰與全球化時代——差異化競爭的要求相符合。越是「在地化」的文化產業，越具有地方依存性與特色，越具有潛力成為全球化經濟網絡的主要賣點。

二、柳丁？咖啡？

循著地方文化產業的特性——「特殊性」與「稀有性」來檢視古坑兩項特產——柳丁與咖啡。依農委會統計資料顯示（表 6-1、6-2）台灣柳丁年產量一年約有 19 萬公噸，市場約有 24 億多元，主要分布在雲林縣、嘉義縣、台南縣、南投縣等地；咖啡一年產量有 452 公噸，但市場則有 50 餘億元，主要分布在嘉義縣、雲林縣、台南縣、南投縣等地。再從古坑本地來看，柳丁年產量 5 萬餘公噸，年產值約 6 億餘元；咖啡年產量僅有 44 公噸，但加工後每公斤售價則可達 1000 ～ 1500 元。兩相比較，顯然咖啡經濟價值遠高於柳丁。

其次，古坑的咖啡在日治時期昭和八年（西元 1933 年）圖南株式會社由巴西引進咖啡苗，種植於荷苞厝、斗六等地，約有 5000 公頃（參見訪談記錄二），許多村民更曾受雇於日本人設立的咖啡園，而當時栽種在當地的咖啡樹滿山遍谷，因此在古坑鄉荷苞山一帶就有過「咖啡山」的別稱。（圖 6-1、表 6-1、表 6-2）

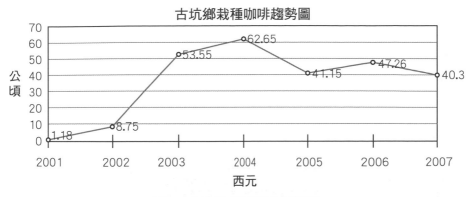

圖6-1古坑鄉栽種咖啡趨勢圖

　　二次大戰以後，古坑的咖啡園移交給台灣省政府農林單位接管，在民國45年至48年間農復會利用美援的補助，在荷苞設立一家咖啡工廠從事加工。之後因為美援的抽離、台灣喝咖啡的文化尚未形成氣候，以及本地外銷成本無法與中南美洲國家競爭等因素，而在60～80年代暫時沉寂下來。至於古坑種植柳丁則是麻竹筍經濟價值低落之後。就古坑而言，咖啡的歷史文化遠較柳丁來得淵源流長（行政院農委會，2005）。

　　再者，將「台灣」與「咖啡」結合，提出「台灣咖啡原鄉──古坑」的口號與標題，可以凸顯「本土性」與「在地性」的文化意涵；另方面也可以形塑獨特的「咖啡時尚」形象，巧妙將本土與時尚結合，符合時代消費趨勢。

　　可見，古坑選擇「咖啡」作為地方文化產業發展主軸，是以具「地域的特殊性」和衍生（spin-off）的產業網絡，加上文化本身無限的知識（knowledge）和創意（creation）為基礎，成功地置於全球網絡節點上，成功吸引了城鄉交流和觀光體驗，成為古坑新興且主領的潛力產業。

古坑鄉咖啡產量

年度	縣市鄉鎮名稱	種植面積	收穫面積	每公頃收量	收量	農場價格	產值
		公頃	公頃	公斤	公斤	元/公斤	元
2001	雲林縣古坑鄉	1.13	1.13	800	904		
2002	雲林縣古坑鄉	8.75	0.6	1,000	600		
2003	雲林縣古坑鄉	53.55	13.5	1,000	13,500		
2004	雲林縣古坑鄉	62.65	55.45	1,200	66,540		
2005	雲林縣古坑鄉	41.15	41.15	750	30,863		
2006	雲林縣古坑鄉	47.26	47.26	900	42,534		
2007	雲林縣古坑鄉	40.3	40.3	1,100	44,330		

台灣咖啡產量

年度	縣市鄉鎮名稱	種植面積	收穫面積	每公頃收量	收量	農場價格	產值
		公頃	公頃	公斤	公斤	元/公斤	元
2001	全國合計	4.73	4.43	1,023	4,534		
2002	全國合計	25.3	12.15	1,167	14,180		
2003	全國合計	87.6	32.29	1,085	35,038		
2004	全國合計	213.33	92.66	1,163	107,773		
2005	全國合計	254.3	171.6	1,005	172,410		
2006	全國合計	387.57	242.88	1,056	256,552		
2007	全國合計	561.03	418.14	1,083	452,663		

表6-1台灣及古坑鄉咖啡生產量統計表

古坑鄉柳橙產量

年度	縣市鄉鎮名稱	種植面積	收穫面積	每公頃收量	收量	農場價格	產值
		公頃	公頃	公斤	公斤	元/公斤	元
2001	雲林縣古坑鄉	1,970.49	1,883.79	16,000	30,140,640	25.29	$762,256,785.60
2002	雲林縣古坑鄉	2,160.10	2,126.10	14,664	31,176,720	15.71	$489,786,271.20
2003	雲林縣古坑鄉	2,215.26	2,135.26	27,900	59,573,754	14.52	$865,010,908.08
2004	雲林縣古坑鄉	2,356.17	2,356.17	21,620	50,940,400	12.86	$655,093,544.00
2005	雲林縣古坑鄉	2,357.30	2,357.30	23,500	55,396,550	13.38	$741,126,701.07
2006	雲林縣古坑鄉	2,394.83	2,357.30	28,200	66,475,860	12.75	$847,567,215.00
2007	雲林縣古坑鄉	2,292.48	2,143.49	24,767	53,088,360	12.63	$670,306,905.45

台灣柳橙產量

年度	縣市鄉鎮名稱	種植面積	收穫面積	每公頃收量	收量	農場價格	產值
		公頃	公頃	公斤	公斤	元/公斤	元
2001	全國合計	8,858.69	8,284.25	16,373	135,639,091	25.29	$3,430,312,611.39
2002	全國合計	9,201.61	8,643.11	16,508	142,680,780	15.71	$2,241,515,053.80
2003	全國合計	9,400.91	8,739.31	23,409	204,574,610	14.52	$2,970,423,337.20
2004	全國合計	9,794.06	9,458.05	22,352	211,409,286	12.86	$2,718,723,417.96
2005	全國合計	10,204.54	9,810.87	19,758	193,847,021	13.38	$2,593,396,216.66
2006	全國合計	10,327.29	9,921.88	23,002	228,225,138	12.75	$2,909,870,509.50
2007	全國合計	10,077.04	9,648.25	19,994	192,909,622	12.63	$2,435,725,114.78

表6-2台灣及古坑鄉柳丁生產量統計表

第二節 古坑咖啡產業推動機制

古坑咖啡產業推動機制，一開始它並非刻意經營而成，是在特定時空背景因緣際會自然形成的，本段計畫運用地方治理的概念意涵來探討分析，因此分成：一、推動經過；二、討論與分析；三、治理模式。

壹、推動經過

> 方案規劃爭取經費（中央補助＋地方自籌）——
> 企業贊助（金車飲料贊助廣告、劍湖山提供場地）——
> 居民參與（生產、生活、生態）

誠如上節所言，古坑──地處雲林縣平原與山地接壤處，自1661 年明鄭時期實施屯田制，即以種植柳丁、竹筍、鳳梨、玉蜀黍等作物為主，復於日治時期自巴西引進咖啡種植，是屬以一級產業為主的山邊小鄉。在 1999 年台灣地區 921 大地震後，亟需重建，由各縣市政府向行政院「921 震災災後重建委員會」提出災後地方振興計畫，是時筆者剛就任雲林縣政府計畫室主任，奉命前往南投市中興新村參加「921 震災災後重建委員會」審查會議，因僅就任第 3 天並無書面資料，只能就筆者在工務局長任內構思的方案，以口頭報告方式爭取委員認同，當時會議主席黃榮村先生（時任「921 震災重建委員會」執行長）認為無書面資料不能給予補助，筆者請求在口頭報告後再行定奪。以下就當時進行情形，簡述如下：

一、提出初步構想

筆者提出重建方案的核心觀念，能否帶動經濟效應，才是當地重建成功與否的關鍵，因此要將當地知名遊樂區——劍湖山一年遊客數200萬人次化成消費錢潮，並將當地特殊作物——咖啡引進作為發展主題，兩者交相發展成為「古坑——台灣咖啡的原鄉」構想的雛形。

因此，計畫以劍湖山世界作為中心節點，往西連接斗六方向，利用台糖舊車站、舊鐵路及林相，開闢成為「大雲林自行車觀光廊道」；往東向華山方向，運用中央山脈臨嘉南平原地等一道陵線發展成為「景觀道路」構成一條完整旅遊線，延長遊客停留意願帶動消費，進而提振當地觀光產業。

當筆者報告結束，有的委員認為還是需要書面資料否則很難給予補助，幸獲時任副執行長林盛豐先生（現任監察委員）大力支持筆者構想，認為這個構想與當地產業、文化、生態相契合，讓雲林縣去試試吧！最後主席裁示給予六十萬重建策略規劃費。

二、向行政院經建會爭取工程與活動經費

經過公開評選，由中華民國景觀協會取得規劃權，在時任副理事長林大元先生（雲林縣虎尾人）率領團隊擔任幕僚作業，分別與縣府計畫室、文化局、鄉公所、文史工作室及地方化仕紳訪談、座談，擴大初步構想成為「台灣咖啡的原鄉——雲林縣斗六、古坑震災地區災後重建策略之實質計畫」的規劃報告書。隨後由雲林縣籍民進黨不分區立法委員王麗萍女士陪同筆者前往行政院經建會拜會同為雲林藉的副主任委員張景森先生爭取支持。

張景森先生在會面時，表示這個計畫做得很不錯，據他所知屏東，南投薏荵農場，台南東山亦種植咖啡，希望雲林縣能儘快實施，

並指示經建會處長夏正鐘女士（後轉任行政院秘書處擔任組長）召開補助協調會。協調會當天來了許多中央各部會人員，包括交通部觀光局、農委會、經濟部、主計處等單位，會議一開始各部會人員不是說該部會沒有預算無法補助，就是說咖啡究竟有多少產值表示懷疑，進行兩個多鐘頭會議，就是無法做出要給予補助的承諾，王麗萍委員和筆者只好返回雲林另作打算。

三、雲林縣政府自行籌資舉辦

這個計畫就此延遲快一年，筆者也因地方政治需求調離計畫室，後來雲林縣張榮味先生從預備金撥 100 萬，加上向行政院農委會水保局、新開局等單位申請補助，共計 300 萬，交由古坑鄉公所、華山社區發展協會共同主辦，並動員古坑鄉農會，華山休閒產業聯盟參與活動；同時由於經費限制，將活動名稱從「國際咖啡嘉年華」更名為「台灣咖啡節」。

在籌備過程，為宣傳問題傷透腦筋，恰巧時任副縣長張清良覺先（現任雲林縣政府總顧問）在麥寮台塑六輕廠遇到監察委員李伸一先生，閒聊這項困惱，李伸一先生說可以找金車集團董事長李添財先生幫忙，結果金車飲料——伯朗咖啡電視廣告中寫上「台灣咖啡故鄉在古坑」字眼，一炮打響古坑咖啡知名度。另外在地廠商——劍湖山世界則提供場地，古坑鄉農會生產「咖比山咖啡」，加上雲林縣文化局負責宣傳，當地文史工作室負責導覽工作，萬事具備，終於在 2003 年 10 月 10 日舉辦「2003 雲林古坑台灣咖啡節」，邀請當時台北市長馬英九蒞臨並擔任代言人，掀起台灣咖啡熱。

貳、討論與分析

　　地方文化產業推動機制的最佳治理結構，是依賴較大的夥伴關係，來取代傳統的垂直整合及現貨市場關係。如此一來，可以凝聚地方認同意識，透過空間與產業連結，形成一套結構性的地方生產模式來振興地方經濟。

　　有關古坑咖啡產業推動機制，基本上可說是結合政府，企業與社群組織的多元治理網絡，在他們的合作與對抗、公益與私利互動之間逐漸形成，本段擬從府際關係、公私合夥及社群參與等角度進行分析。

一、政府單位間的合作與對抗

　　從古坑咖啡產業推動的實例來看，是以依賴較大比較的合夥關系，來取代傳統單向依賴的府際關系，縣政府位於推動鏈的中心節點上，角色尤為關鍵。

1. 縣政府：

（1）整合資源整體規劃形成策略

　　2003 年第一屆「台灣咖啡節」舉辦之前，古坑華山地區因地處海拔 6～7 百公尺坡地，可以俯瞰嘉南平原，農民於閒暇開設一些景觀與庭園咖啡館，但從未思考聚焦以「咖啡」作為發展主軸。

　　2001 年縣政府從「劍湖山遊樂園」遊客人數思考起，整合咖啡、景觀、文化與觀光資源，擬具發展計畫雛形，向行政院「921 震災災後重建委員會」提出規劃經費申請，委請專家作深度規劃。策略方向

明確後，民間社團華山社區發展協會、華山休閒產業促進會也隨後跟著成立，顯見縣政府是這項策略引導者。

（2）向中央政府爭取經費補助

地方文化產業相關經費編列，是始於 1998 年亞洲金融風暴，政府為提振景氣，刺激消費，行政院額外編列 100 億經費，提出「擴大國內需求方案──創造城鄉風貌計畫」，這是首次大規模預算挹注於社區相關政策，並企圖整合各都會個別計畫，以擴大改善的效益，由是可知地方文化產業經費是屬中央政府計畫型補助款，由各部會主管。

又中央政府補助款當中，除統籌分配款逐漸法制化外[3]，其他則尚未有明確規定，尤其是計畫型補助款，雖規定需經評定始可取得補助，但中央還是有相當彈性空間，往往成為各縣市政府相互較勁的地方，各縣市為爭奪資源不惜串聯中央民意代表向中央部會施壓，而中央亦巧妙運用補助機會使地方政府配合。因此，地方政府至中央爭取補助，往往是以縣（市）政府作為主軸。

古坑咖啡產業一開始就由雲林縣籍立法委員王麗萍、古坑鄉長謝淑亞女士，雲林縣政府計畫室主任許銘文等人前往經建會拜會，雖然經開協調會，可能由於政治考量，或是經建會為中央政策幕僚單位，並非行政業務單位，以致於始終停留在研發階段，直至以水土保持名

---

3 按目前統籌分配款方式，90% 的分配是依各縣市的財政能力與財政努力如以分配，10% 為中央的「財政調節款」。財政能力數為 75%「財政能力」係指按基準財政需要額（正式編制人事費、基本辦公費、警消超勤加班、私校教職員保險費、法定社定社福支出）減基準財政收入額之差額分配。財政努力權數為 25%，其中營利事業所得稅的徵收績效占 15%，公告現值占市價比重的權數為 4%，公告地價占市價比重的權重為 4%，規費罰緩收入占自有財源權數為 2%。

義向農委會水保局申請，始獲補助，但古坑咖啡產業成形延遲了一、兩年。

（3）監督與支援鄉鎮公所執行

誠如上述所言，地方文化產業大部分經費來自中央政府各部會計畫型補助，又各部會便利督導，往往在申請補助作業須知規範提案單位限定在直轄市與縣（市）；或者授權縣（市）政府初審各鄉鎮公所提案再提送中央復審（內政部營建署，2008），可見縣政府對鄉鎮公所有督導審查的權力。

又縣（市）政府也編列有各項專案補助款，由鄉鎮公所申請，其運作方式如同中央與縣市運作形式。因此，縣市政府也可以支援鄉鎮公所經費，增加其施政資源。

「台灣咖啡節」就是由縣政府從預算金發出 100 萬，加上農委會水保局、新聞局等單位的補助，合計 300 萬交由雲林縣文化局、古坑鄉公所、華山社區發展協會共同籌辦。當時縣長張榮味先生對古坑鄉長謝淑亞女士賞識，應是縣府願意行政支援古坑鄉的重要原因之一，因為謝淑亞女士是雲林縣鎮長中學歷最高的一位，獲美國威斯康大學碩士學位。

2. 中央政府：中央補助金額與督導

有關古坑咖啡產業的補助，因適逢921大地震，大部分都興重建、復建有關，主要有下列（表 6-3、6-4）：

年度	計畫名稱	經費支助（單位萬）	經費（百萬）
2001-2003	振興觀光產業計劃	行政院九二一重建委員會	507.00
2001	雲林縣斗六、古坑震災地區，災後重建策略之實質計畫	行政院九二一重建委員會	60.00
2001	災後社區重建綱要計畫	行政院九二一重建委員會	68.81
2001	社區營造，聚落重建	行政院九二一重建委員會	270.00
2002	雲林縣古坑鄉古坑產業文化及觀光整體發展計畫	行政院九二一重建委員會	9.00

表6-3古坑鄉產業重建計畫表

年度	計畫名稱	執行單位	經費（千元）
2001	土石流災害防治	雲林縣政府	9,980
2001	921震災復建	雲林縣政府	1,500
2001	桃芝颱風土石災害緊急處理	雲林縣政府	7,850
2001	治山防災計畫	雲林縣政府	850
2001	崩塌裸露地植生復舊	雲林縣政府	6,000
2001	九二一震災農村聚落重建	雲林縣政府	19,300
2001	區域性保育利用公共設施	雲林縣政府	2,000
2001	治山防災	鄉公所	3,456
2001	九二一震災復建工程	水保局第三所	4,000
2001	土石流災害防治	水保局第三所	3,000
2002	土石流災害防治	水保局第三所	50,150
2002	重建區自然生態工法示範	水保局第三所	9,300
2002	九二一震災復建工程	水保局第三所	1,500
2002	土石流災害防治	雲林縣政府	41,000
2002	災害復建	雲林縣政府、古坑鄉公所	36,692
2002	九二一震災農村聚落重建	雲林縣政府	11,900
合計			208,478

表6-4古坑鄉華山村災後重建計畫表

利用補助款最重要的關鍵在於凝聚主體，亦即地方上的士氣。因為補助款是從人民稅金撥出來的公帑，這有別於從民間銀行借來的款項。古坑咖啡產業在政府投入軟硬體補助款後，各項社團亦跟隨成立，劍湖山遊樂世界及咖啡經營業者也隨著投入更新設施，華山若干知名咖啡館大都在 921 震災後成立就是明證。

3. 鄉公所：計畫執行、動員、地方認同

　　鄉鎮是地方文化產業的場域所在，因此動員人力參與是鄉鎮公所的首要任務，至於計畫執行則需視計劃經費多寡、鄉鎮長與中央、縣政府首長的政黨、派系屬性等因素來決定縣府或鄉鎮公所執行。

　　古坑鄉當時鄉長謝淑亞與縣長張榮味同為國民黨，至於地方派系雖不相同，但謝淑亞所屬雲林縣福派（謝淑亞公公為廖福本，在雲林自成一系，簡稱福派）逐漸衰微中，謝向張榮味派系傾斜，而張榮味亦頗賞識謝淑亞，欲收編納入，因此古坑的「台灣咖啡節」就由雲林縣政府與古坑鄉公所合辦。

　　同時在計畫執行當中，也可以強化居民對所屬地方的歸屬與認同。地方成為人群與社區之間長期共同的支柱。空間的過去與未來，連結空間的人群。「台灣咖啡節」的舉辦，讓古坑鄉公所與居民凝聚起來，不僅是在生活聯繫，更重要心靈的相互依賴，古坑鄉公所在這方面的確是相當成功。

　　從上述公部門間的分析，可知古坑咖啡產業的萌芽與發展，府際關係已經漸漸由地方依賴中央轉向中央與地方合作共同來推動，其間的關係可由下圖（圖 6-2）來詳細說明。

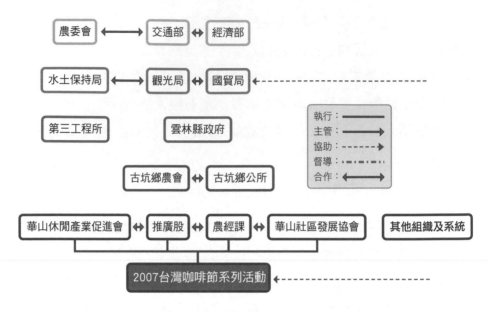

圖 6-2 古坑咖啡產業治理網絡圖

（資料來源：蔡宜恬，2007）

但若從經費爭取補助的互動過程來看，中央與地方的關係，仍傾向於單向依賴的政策社群，屬於層級治理。這反映兩個意義：一、中央政府習於藉由資源的操控與支配權，誘使地方勢力與政府結合，並沒有因政黨輪替而有所改變；二、官僚心態，中央官員認為地方政府或鄉鎮公所，只會要資源不會做事，由於權力不對稱的情況下，握有資源或權力，才具有主導地位，與地方文化產業內涵是背道而馳的。

二、企業的配合贊助與營利投資

第一屆台灣咖啡節的主場地由鄰近的劍湖山遊樂世界免費提供，劍湖山主題遊樂園也因咖啡節的舉行而增加兩成遊客（林威逸，

2004）。隨後在園區內設立台灣咖啡座銷售咖啡，並於 2004 年進一步成立「世界咖啡博覽館」也負責經營管理嘉義農場栽種咖啡樹，形成咖啡產業鏈。

華山、荷苞山地區咖啡餐飲店與民宿業觀光休閒業，在「台灣咖啡節」舉辦後，每年以十多家的增長速度攀升，至 2005 年已有 60 餘家（羅建怡，2005），古坑儼然成為「台灣咖啡首都」。

值得一提的是，除了當地廠商的參與外，以生產飲料著名的金車公司（工廠設在宜蘭），因緣際會協助古坑咖啡產業宣傳，讓古坑成為「台灣咖啡節原鄉」的意像功不可沒，這項運作方式也提供地方文化產業營造異業結盟的重要參考。

政府與廠商合作，是地方文化產業不可或缺的一環，是互蒙與利的，誠如前雲林縣政府建設局長廖錦城所言「劍湖山遊樂世界是以經營娛樂與飯店著稱，他們見縣政府與鄉公所在推動咖啡產業，也跟著推出咖啡相關產品，這對古坑咖啡產業打開知名度有相當助益；相對地，咖啡節的遊客對劍湖山與鄰近民宿、景觀餐廳也帶來了人潮。」

三、社區的參與

2003 年台灣咖啡節的舉辦，是古坑由一級傳統產業邁向三級休閒產業發展的契機，其間關鍵除了公部門政策引領，企業贊助投資外，社群的參與推動亦是不可或缺，三者構成「地方發展黃金三角」，如圖 4-2 所示。

古坑鄉農會在「台灣咖啡節」舉行同時，搶先推出「咖比山咖啡禮盒」配合行銷，並成立休閒中心，設置咖啡 DIY 區及咖啡體驗營，

推廣烹煮咖啡教學，對古坑咖啡產業推動頗有助益。

華山社區發展協會，在華山社區轉型過程中，一直扮演著代表地方與對外溝通窗口，諸如向農委會水保局反映華山土石流問題，向縣府文化局反映華山除了咖啡文化外，尚有製紙傳統產業，交趾陶藝品等，如此整合作為社區深入發展的素材。

華山休閒產業促進地方業者透過定期開會與繳納會費方式，凝聚地方業者共設，對地方業者的惡性競爭，造成當地廣告看板林立，甚至有不肖業者混充進口咖啡並加以販賣的情況發生，自有一套的約束公約，對古坑咖啡未來發展和深化應有一定的助益。

社會權利的替換與集體管理造成社會轉變，各利害關係對象（stakeholder）彼此間不斷地干預與競爭著。在地方社會透過協調與建立分工合作的機制，使得各作用力能夠處在適當的位置，以順利進行各自的角色扮演，為推廣地方產業的節慶活動提供強而有力的行政後盾。由古坑鄉舉辦的咖啡節來看，地方社會扮演了極為重要的角色，並且厥功甚偉。

藉由 Jessop 的論點，可以理解社會中各體系為自我封閉與自我參照（self-reference）的運作系統，任何一個社會作用者不可能全佔優勢，甚且支配其他作用者（林威逸，2004）。在古坑鄉咖啡產業觀光發展過程中，各階段均有一作用者發揮重大的影響力，像在規劃階段，從無到有形成計畫，提供地方發展願景，亟需公部門資源的投入；到了建設階段，企業則逐漸躍居主導地位，將商業營利模式帶入；到了營運階段，則需要社群組織、居民的認同與支持。

在咖啡產業發展過程中，各作用者對於其他作用者的反應，乃根據其內部的運作法則與過去環境變化的互動經驗所形成，公部門的計

畫提供地方發展遠景及經費補助；地方社會與財團的合作密切，才能互享資源，達成資源利用極大化，並創造更多收入來源。換言之，在策略形成過程中初期是由地方行政首長為首的菁英團隊（包括政治、行政官員及專業團體）負責政策決策與腹案研擬，而此同時，必須徵詢相關利害關係人的意見，然後轉化為推動與執行的方案，並於此階段的廣泛地向民眾、人眾、業者、社會團體進行說理與說服。

　　總之，政府為因應全球化競爭激化，而逐漸調整的機制，企圖讓各個作用者建立起夥伴關係。在古坑咖啡產業營造過程中，我們由前述分析得知，西方新公共管理模式所稱的政策引領、媒體溝通、授權與責任等概念已逐步在落實；至於近來流行的新治理或新公共服務模式所強調建構民眾參與及責任共同承擔的機制，似乎還有段距離，誠如台大政治系教授黃錦堂博士所言「於政策一開始的構思階段便完全引進新治理或新公共服務模式，一般而言在台灣短期內仍難以成功。」（黃錦堂，2009）

第三節　古坑咖啡文化化歷程

　　就地方文化產業而言，文化加值是產業價值的核心，產業是推動文化發展的動力，因此，古坑在選擇咖啡作為地方發展策略產業後，接下來是要如何和當地歷史人文、地理環境結合，擷取文化風格特色，形成設計概念模式與完成文化產品設計，則為後續的工作重心。

壹、推動經過

台灣咖啡發展史是全球在地化的典範，從外來品牌（UCC、STARBUCKS……）到本土品牌以迄自創個性咖啡。

古坑依據文化的「特殊性」選擇咖啡作為經濟發展作物，所謂「特殊性」指的通常是「地方特色」或「地方文化」，誠如本研究第二章第一節所言，「地方特色」涵蓋自然景物與社會文化兩部分，就諸論述如下：

一、古坑咖啡發展歷史

關於台灣咖啡的起源，依日人田代安定編輯的《恆春熱帶殖育場報告第二輯》在清光緒 10 年（西元 1884 年），台北大稻埕德記洋行有一名英國商人，自馬尼拉輸入咖啡樹苗 100 株，交由楊紹明栽植於臺北附近三角湧（現在的三峽），因當時經多時的航海運輸，加上包裝和管理也欠妥當，大部分的樹苗枯萎，僅存 10 顆樹苗，隔年（1885 年）英人又再輸入咖啡種籽，在文山的冷水坑、汐止等地種植，因英人退出管理，致發育並不理想，後來改引進爪哇品種試種成功，逐步推廣（澤田兼吉，1993；轉引自白美女，2006）。

日治時代，恆春熱帶植物殖育場於 1902 年由台灣北部冷水坑獲得馬尼拉系統咖啡種籽，並且也由日本小笠原島輸入爪哇品種，開始試種栽培，這是咖啡樹移植台灣南部的開始。

農業試驗所嘉義分所於 1919 年試種恆春場所有品種，並調查評估所有咖啡樹品種，結果以阿拉比卡種咖啡（Arabica coffee）表現最優，在 1927 年全台灣普遍栽培（張淑芬，2006）。古坑鄉當時隸屬台南州斗六郡古坑庄，也就是在嘉義分所管轄範圍，所以古坑鄉咖啡的生

產事業始於日治時期。

當時控制古坑鄉內所有林地的日商圖南株式會社復於 1933 年，自巴西引進咖啡種苗，種植於荷苞、華山、華南、桂林、樟湖等村，採收的咖啡果實均運往斗六郡的加工廠進行加工，成品全數運往日本銷售（周麗蘭，2003）。在 1937 年至 1945 年間，二次世界大戰時期，因民生生活凋敝，大部分咖啡田隨之荒蕪，咖啡產業逐漸沒落。

1954 年因國際咖啡價格高漲，在農復會（農委會前身）及有關機關注意下，咖啡栽培開始逐漸恢復，並派遣人員出國學習咖啡栽培及加工。1958 年恢復古坑老咖啡園，至 1962 年預計完成 200 甲栽培計劃，另外並投資 500 萬元設立斗六咖啡加工廠，為當時東南亞最具規模。但因當時國內消費市場不大、國際市場又因人工成本遠高於中南美洲不利外銷，遂逐漸走入沒落的命運。1973 年雲林縣經濟農場停止一切關於咖啡的栽種，1975 年開始拆除機器，1978 年關閉咖啡工廠，把部分設備轉給嘉義農專，供教學使用，古坑咖隨著咖啡工廠的關閉而逐漸消聲匿跡（周麗蘭，2003）。

此外，當地濫墾經濟農場所屬土地，把林木皮剝掉，讓樹木死去，種植水果或竹筍，咖啡種植面積因此不斷縮小，至民國五、六十年政府又先放租、放領土地給濫墾農民，至此古坑咖啡就一厥不振。

二、古坑自然景觀

古坑鄉幾處咖啡產地屬中央山脈臨嘉南平原的第一道陵線，風景頗為秀麗。其中華山遊憩區位於古坑鄉華山村，介於劍湖山遊樂世界與樟湖風景區之間，交通便捷，距斗六市區大約 15 公里。大尖山標高 1,304 公尺，是阿里山西端、清水溪西陵的最高峰，為雲林縣僅次

於石壁山的第二高峰。該區起伏綿延的丘陵地，風景十分美麗。由於空氣清新、視野遼闊，加上完整登山步道，已成為雲嘉地區熱門的旅遊景點。

其風光明媚，處處盛產茶葉，茶香撲鼻，閒來品茗、賞景，滌盡俗慮，使人常興歸去兮之意。登臨大尖山，遠眺景觀絢麗的雲嘉南平原，俯看華山地區的斷崖絕壁，煞是壯觀，如遇晴朗天氣，可遙望在台灣海峽邊的台塑六輕廠區，山林、夕陽、夜景構成本地區特有景色。

有「咖啡山」之稱的荷苞山，設有一處由杉木所鋪設而成的步道，該步道早期為農民搬運農作的產業農道，空氣新鮮環境清幽，沿途綠意盎然林蔭清涼，吸引不少登山客前來行登健山。尤其是在每年 4、5 月油桐花盛開季節裡，白色花朵在風兒的搖擺下，繽紛飛舞散落滿地，一眼望去形成一幅綠林白花點綴的圖案。

三、古坑咖啡產業加值歷程

（一）建構「真實且想像」的咖啡原鄉

由上段的分析可知，台灣咖啡的栽培，係由北部興起，逐漸移植至南部，最後及於東部而漸趨發達，在 1917 年前大都屬實驗性質。

古坑咖啡企業化栽種，可以追溯到 1927 年。1918 年台灣總督府農事試驗場嘉義支場創立之後，隨即開始咖啡推廣。在當時，雲林的行政區隸屬台南州 ，區內林地有百分六十，是由日商圖南株式會社（由三井林務事務所改組成立）管理，專門從事咖啡、紅茶等農產品的大規模栽種，其中又以古坑的荷苞山工作站種植面積最多，從此古坑便成了咖啡在台灣最後落腳的地方（古坑鄉公所，2004）。

古坑雖不是台灣咖啡最原始種植地，却是最大、最終落腳地，且在 1950 年代以後是台灣咖啡最大產地，也有一座咖啡加工廠，具備了歷史意涵與產品融合的人文論述基礎。因此，將古坑建構成一個「真實且想像」的咖啡原鄉的空間，作為地方發展主題。

（二）建構身歷其境的體驗氛圍

為了強化古坑咖啡在消費者腦海留下深刻的記憶，除了人文歷史外，地方政府及企業也投入相當資源來營造這個空間。

雲林縣政府補助古坑鄉農會，將原先永光農產加工廠改建成農業休閒中心，闢成咖啡烘焙區、DIY 區等，成為推廣「台灣咖啡」觀光產業的主要據點之一。

劍湖山遊樂世界也成立「世界咖啡博物館」，蒐集世界各國咖啡文化及文物，期使「遊客得以不同於以往的親身感受來親近與了解咖啡，進而衍釋出專屬於『台灣咖啡』的質感與文化」（古坑鄉公所，2004）。

華山、荷苞山的咖啡、民宿及餐飲業者也紛紛裝潢改裝，像華山地區的「微風山林」咖啡館複製歐式風情、「山海觀」咖啡館則走本土路線，荷苞山地區的「芋心園」咖啡館是以開放空間生態景觀取勝。

「農產品是可加工製造的，商品是有實體的，服務是無形的，而體驗是難忘的。」（B・joseph pine Ⅱ & jamcs H・Gil ore，夏業良、魯煒譯，2003）消費者「購買體驗」是花時間享受所供的一連串身歷其境體驗的感覺。古坑咖啡建構「真實且想像」的咖啡原鄉意像與身歷其境體驗氛圍，讓消費者體驗台灣咖啡發展史，並建立起古坑咖啡等同台灣咖啡的符碼。

貳、討論與分析

　　古坑尋找自有的咖啡文化做為地方發展主題，並以它背後的故事、歷史、地方特色和體驗，做為創新文化的新契機。

　　古坑建構「真實且想像」的咖啡原鄉意象與身歷其境的體驗氛圍，讓消費者體驗台灣咖啡發展史，並建立起古坑咖啡等同台灣咖啡的符號。

　　古坑咖啡產業的發展成功讓文化鑲嵌進入產業，塑造成為「台灣咖啡的原鄉」，奠定它的價值；但另一方面，古坑的發展主題化建構完成之際，在這複雜過程中，也有頗多值得檢討的地方。

一、古坑成功成為塑造「台灣咖啡的原鄉」

　　從近幾年經驗來看，古坑咖啡業已經發展成為「可被消費的一種符號」，台灣咖啡必須在具有古坑「地方文化形式」，方才具備符號價值。因此，古坑咖啡賣得嘎嘎叫，供不應求，一杯咖啡要賣 250 元，一磅咖啡豆要賣 1500 元，硬是比中南美州的咖啡還要貴。

　　但問題來了，由於供不應求，就有不肖業者混用花蓮、屏東等地的咖啡，甚至是進口越南或印度咖啡來冒充，暴露古坑咖啡生產不足問題。依國際的經驗顯示，一個只有符號消費而無生產活動的地點，往往反而失去它原先的創造力，紐約與舊金山就是最佳例證（顏亮一、許肇源、林金城，2008）。因此，古坑咖啡業者應該回過頭來站在社區的位置，重新思考自己文化定位與發展，重建具創造力的、根植於生產活動的真實咖啡生活文化，或許這會是再度重構古坑地方「真實與想

像」的咖啡原鄉空間的契機。

二、咖啡主題與地方馴化

　　古坑選擇咖啡產業作為地方發展主題，一方面試圖「開發地方文化資產」，將文化「加值」，期則透過「行銷」文化，推動產業轉型升級，創造高品質的地方產業發展，重新振興地方經濟榮景。但是另一方面，透過「傳統」文化來為產業「加值」過程，往往有傳統浪漫化傾向，造成主題架空內涵（theme verride context），甚至達到馴化（tame）地方的程度（洪顯政，2007）。

　　文化鑲嵌進產業，必須經歷「他者化」、「物化」及「商品化」等過程始得變成「產業」，其間或有將複雜多變的歷史以及文化紋理化約為單一版本之嫌。這個單一版本的「傳統」，排除了其他版本的集體記憶與生活樣貌。

　　事實上，古坑的主要經濟作物，從麻竹筍到檳榔、柳丁等為大多數農民所耕作，咖啡則自「社區總體營造運動」始逐漸萌芽至 921 大地震後復由政府引導而興起，相對於其他作物而言，從事咖啡產業者仍是少數，這是古坑推動咖啡產業的另一項隱憂。

第四節　小結

　　古坑——台灣地理邊陲的小鄉，由於產業變遷速度跟不上經濟全球化的腳步，而面臨發展無所適從的困境，面對全球化對城鄉角色的重新結構，以及伴隨全球化而來的城際競爭壓力，古坑採取差異領導

（Differentiation Leadership）策略作為因應。

在差異領導策略的邏輯下，古坑尋找自己特有的咖啡產業文化作為地方發展主題，以它背後的故事、歷史、地方體驗、地方特色作為創新文化的新契機，並帶動地方經濟的再發展。

接下來的操作策略，是如何將古坑咖啡文化轉換成具有商業價值的產業型態；或者如何從咖啡的產業活動中，提煉出獨特產業文化資源，以創造本業外的附加價值。古坑透過發掘社區特色與在地故事性，經由居民的參與認同，找出具有傳統、創意、個性和地方魅力的文化符號──「古坑，台灣咖啡的原鄉」。

古坑在提出「台灣咖啡原鄉」口號與標題的同時，古坑咖啡產業已從一級產業──咖啡豆、二級產業──咖啡製造，升級至三級產業──觀光服務業。古坑咖啡產業所提供的服務，不再只是咖啡產品而已，而是整體的感受與體驗，是一種「跨領域的整合性經驗」。

舉辦活動建立品牌，則是古坑咖啡產業推上市場的另一個重要步驟。古坑透過「台灣咖啡節」舉辦，促動咖啡愛好或好奇者前來古坑體驗民情與景物，滿足對文化的好奇心；同時，也藉由節慶的舉辦來聚集人潮，創造節慶經濟，增加觀光收入。

在古坑咖啡產業營造中，雲林縣政府、古坑鄉公所的主動出擊與營利、非營利民間組織的積極參與對地方經濟振興可謂是成敗的關鍵。這種「彈性」與「開放」治理模式的建立，讓利益關係人皆能參與其中，與傳統科層制度截然不同，應是古坑咖啡產業營造過程的另一項收穫。

第七章

古坑咖啡產業總體檢（一）

古坑鄉挪用原本生產活動變成商業命脈的符號。然而，當一個只有符號消費而無生產活動的地點，經濟會失去它的原創力，這是古坑咖啡產業永續發展的關鍵。

第七章
古坑咖啡產業總體檢（一）

　　古坑以「台灣」咖啡彰顯其「在地」獨特性，以別於「外來」進口咖啡，符號創造出文化差異，誘使人們到古坑來消費，台灣咖啡節人潮不斷湧入，為周邊創下十餘億產值，堪稱是台灣地方文化產業等成功的典範。古坑咖啡掀起台灣的咖啡熱，瞬間成功卻也隱藏了許多發展危機。打從一開始，地方即對發展咖啡或柳丁有所爭議，質疑選擇咖啡作為策略發展作物，到底照顧哪些人？又古坑的咖啡樹栽種不多，到底要拿什麼咖啡賣人？俟咖啡節舉辦過後，成功搶下「台灣咖啡」第一品牌，又爆出華山與荷苞兩村，爭奪誰才是真正的「咖啡山」？諸如此類問題，構成古坑咖啡產業向上發展的難題。

　　本章基本上延續前幾章的論點來檢視古坑咖啡產業營造過程的各項缺失，從資源爭取、利益分配，到文化空間爭奪等，試圖尋求解決之道，以作為古坑咖啡產業後續發展的參考。

第一節　資源的整合與分配

　　誠如上一章所言，「台灣咖啡的原鄉」發展計畫早在 2001 年底即已完成，可是卻拖延了一、二年，直至 2003 年始舉辦「第一屆台灣咖啡節」，其間的關鍵乃在中央補助款遲遲未能下來、地方資源又未能有效整合，換句說，也就是出在資源的整合與分配上。

壹、問題形成

　　台灣地方文創產業操作方法，基本上源自日本再生作法，著重資源整合與分配。

　　「台灣咖啡的原鄉——雲林縣斗六、古坑震災地區災後重建策略之實質計畫」早在 2001 年 12 月即已完成，原計畫範圍更大更廣，涵蓋斗六市與古坑鄉兩鄉鎮，計畫內容用景觀道路與自行車道將當地自然景觀與人文歷史連結成七個主題活動區，分別是：咖啡老街區、綠色隧道區、遊憩賽車區、咖啡賞景區、茶香化石區、咖啡油桐區、水圳柳橙區，如圖 7-1 所示。

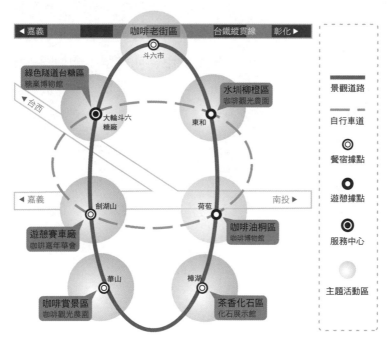

圖7-1古坑咖啡產業發展規劃概念圖
（資料來源：雲林縣政府，2001）

計畫完成後，由當時縣府計畫室主任許銘文和規劃團隊主持人林大元研商，認為內容涵蓋產業振興、文化保存、環境改善、景觀維護等，遂向中央統合協調的行政院經建會提出計畫，要求補助。

　　但問題是，經建會雖應立法委員要求召開一次協調會，來了許多部會人員，包括交通部觀光局、農委會、經濟部、主計處等單位，有些直接了當說沒有預算無法補助，有些則質疑咖啡產值認為不可行，經建會並未強力協調僅應付了事，最後落得無疾而終（詳參第六章第二節）。

　　事實上，中央推動地方文化產業，涉及許多部會，諸如內政部（社會司、營建署）、經濟部（商業司、中小企業處）、環保署、衛生署等部門，如表 7-1 所示（黃煌雄、郭石吉、林時機，2000），各部門政策的手段或工具雖然不盡相同，但其最終目標皆在於營造新的社區居民意識與新的社區生活。惟由於各部門缺乏橫向聯繫，即使有經建會介入協調（列入重大施政計畫例外），亦然各行其事，致對於社區資源的配置無法有效協調，造成資源錯置、無法共享的問題。

政府單位		時間	社區營造相關計畫	內容
內政部	社會司	1997	社區政策	社區綠化、美化工作
	營建署	1997	擴大國內需求方案－創造城鄉新風貌計畫	都市規劃、設計及建設：「街道景觀、角落造景、公共空間之美化」
經濟建設委員會		1997	創造城鄉新風貌行動方案	集政府及民間力量共同推動整體環境之景觀問題的改善
經濟部	中、小企業處	1994 ｜ 1997	社區小企業輔導計畫地方特色產業輔導計畫	建立以社區範圍集體提升中小企業能力，強化生存及發展基礎建立社區與小企業之良性互動，促進地方經濟成長
		2000	新故鄉營造計畫	內發型地方產業活化：地方產業永續機制建構計畫、地方特色暨社區小企業輔導計畫
	商業司	1995 ｜ 1996	塑造形象商圈計畫、商店街開發推動計畫、商業環境視覺設計計畫	投入六億三千萬經費，讓中小零售業自行組合貸款，自主性的改善環境，透過組織化的輔導，建立共同經營、共同參與的理念
		1999	整合為「改善商業環境五年計畫」	
		2000	文化創意產業	其範疇為推動廣告、設計、數位媒體、設計品牌時尚、建築設計、創意生活文化創意產業，提高產業生產價值
		2000	新故鄉營造計畫	內發型地方產業活化：地方產業交流中心計畫、地方小鎮振興計畫、商店街區再造計畫

表 7-1 中央各部會推動地方文化產業計畫(I)

（資料來源：作者整理）

政府單位		時間	社區營造相關計畫	內容
行政院	文建會	1993	全國文藝季	文藝季活動不僅是文藝活動的推廣與舉辦，而是由各縣市自行擬定一個深富文化意義的主題，以強調文化落實地方之重要性，於 1995 年提出「產業文化化、文化產業化」
		1994	社區總體營造	改造公共場所視覺景觀計畫、美化公共環境種子計畫地方、文化產業振興計畫、社區總體營造獎助須知
		1999	振興地方文化產業，活化社區產業生命力	隨著國內經濟結構的轉變，鄉鎮產業普遍面臨轉型方能生存的壓力，而各地區原本具有的豐富文化資產，如手工藝、傳統建築、文化藝術活動等，如能將其加以整合、強化、朝「產業文化化、文化產業化」的方向發展，則不但可以提昇地方的生機與活力，也能為國家蓄積更強的競爭力
		2002	文化創意產業	其範疇為推動視覺藝術、音樂與表演藝術、文化展演設施、工藝等產業，以提高產業生產價值
		2002		文化資源創新活用：社區文化資源活用、社區藝文深耕計畫、社區營造創新實驗計畫、新故鄉成果展現計畫
	環保署	1997	生活環境總體營造 新故鄉營造計畫	生活環境總體改造計畫、海岸地區環境清潔維護計畫

表 7-2 中央各部會推動地方文化產業計畫 (II)

（資料來源：作者整理）

從後見之明來看，古坑咖啡產業發展計畫，雲林縣政府一開始就向中央負責統合的經建會提出申請要求補助，似乎並非明智之舉。因為依行政院經濟建設委員會組織條例第一條規定，經濟會為「國家經濟建設之設計、審議、協調及考核」之機關，為中央協調幕僚單位，一般預算編列給各部執行，本身並無業務經費，也只能召開協調會來協助雲林縣政府，但效果顯然不大。

　　如果雲林縣政府逕向各執行部會提出申請，由於各部會握有經費核撥權，經過法定程序審核取得經費補助，或許古坑咖啡發業發展計畫早就付諸實施。但也隱藏另一項問題，由於各部會對地方文化產業營著重的角度不一，審核督導項目上的差異，易產生各行其事的狀況，造成資源的浪費及錯置，出現部分活躍的社區獲得過多的政府資源投入，而部分最需要資源輸入的社區，反而未能得到政府部門的補助。

　　古坑的「台灣咖啡節」就是明顯的例子，在舉辦前到處碰避，未獲政府補助，最後只好以「水土保持」名義向農委會水保局申請始取得奧援；在 2003 年舉辦之後，政府各部門又交相給予補助，前後截然不同態度，資源的整合與分配顯然就是地方文化產業營造的一個重要關鍵。

貳、解決方式

　　地方文創產業資源整合方式：
　　中央的垂直分工至地方改為水平分工方式進行資源整合。

中央補助款是地方文化產業啟動的關鍵，因為對於凝聚地方士氣、形成整體構想具有催化效應，地方的規劃、執行、動員⋯⋯都由此開始。如何處理資源的整合與分配方式，有兩種不同的觀點，各有各的思維邏輯。

一、監委黃煌雄、郭石吉、林時機的觀點

他們認為基於資源整合的概念，行政院宜考量成立具有跨部會整合性質的單位或協調會報，指定由文建會或其他部會進行事權及相關資源之整合及統籌，以避免計畫經費重複申請、社區間資源的取得不均等差距。此外，文建會內部宜研議設立一專責單位，統籌辦理推展事宜（黃煌雄、郭石吉、林時機，2001）。

二、日本三井物產戰略研究所的觀點

他們認為中央行政部門是採垂直分工的形式。這種形式的好處就是，在執行命令時能擁有時效上的優勢。在垂直分工中，中央的各部會都有各式各樣振興地方的補助政策，也就是說準備了各種補助款。

地方為了充分利用中央垂直分工的補助款，必須跨越行政部門多方利用，也就是說以必須以計畫或個案為核心進行整合，或指定一個單位（通常是計畫室、城鄉發展局、文化局）整合執行或成立協調會報，就是所謂以「中央的垂直分工改為水平分工」方式進行資源整合（三井物產戰略研究所，2003）。

綜言之，本文比較偏向第二個方案，因為地方是文化產業所在地，對當地自然遠較中央了解，而且縣府組織規模也較為適宜，所以由縣府來負責「聚焦」整合工作，似乎更為合適；但另一方面，地方

可能與派系、利益糾葛不清而不夠客觀，或有偏頗之嫌，因此，由各部會負責審查把關跨域協調，似乎更為妥適。

　　「中央垂直分工轉為地方水平分工」的資源整合與分配方式，無論中央或地方都需要一個專業社群來提供諮詢、規劃設計等工作，而如何組成專業社群就會影響地方文化產業推動的成果。

第二節　咖啡盛宴的利益分配

　　2003 年台灣咖啡文化節的舉辦，讓古坑台灣咖啡一炮而紅，為古坑鄉帶來一年十餘億的經濟效益。劍湖山遊樂世界更砸下巨資興建世界咖啡博物館，並與民視策略聯盟，希望讓消費者對咖啡有更深認識，而咖啡餐飲業者一下子暴增到 50 餘家。如此巨大的商機利益讓各方虎視眈眈，準備來分食這塊大餅！

壹、選擇咖啡及其政治效應

　　地方文創產業作物選擇源自：文化特色與相對優勢。

　　記得筆者剛完成咖啡發展計畫在報紙披露時，就有古坑鄉縣議員林慧如（後接謝淑亞為鄉長）在議會質詢提出質疑，認為古坑鄉種植咖啡面積才多少？景觀餐廳大多有違章建築問題質疑，這個計畫究竟要照顧誰，大表不滿。

　　98 年 1 月份筆者返回雲林縣與地方大老黃逢時（前立法委員）、廖錦城（前縣府農業、建設局長）等人閒聊雲林縣未來發展計畫，在座尚有人對推展咖啡發展計畫不以為然，認為從政治角度來看，種植

柳丁人口遠超過種植咖啡人口，有 30 ～ 40 倍之差距，應該推動柳丁發展計畫，才能真正造福當地老百姓。

筆者困惑於這些質疑，遂於 98 年 5 月前往古坑作實地調查訪談，從古坑鄉公所取得咖啡種植統計資料，計有 48 位咖啡農，種植面積 40.102 公頃，從 0.1 公頃到 5 公頃多，詳細的分布、人數及面積，如表 7-2。

面積／人 地點	面積（公頃）	人數
高 林 （高厝林子頭）	11.23	14
荷 苞 厝	1.6	2
棋 盤 厝	1.6	2
朝 陽	0.79	3
桂 林 （苦苓腳）	14.182	18
永 光 （崁頭厝）	1.27	2
華 山 （大湖底）	2.42	4
草 嶺	6.37	2
古 坑	0.64	1
合 計	40.102	48

表 7-3 古坑鄉種植咖啡分佈地點與人數統計
（資料來源：作者整理）

當時，柳丁的種植面積及人數尚在統計中，預計要到年度 10 月才會有明確數字。但從往年資料來推估，古坑鄉柳丁種植面積大約有 2300 公頃，若以每人種植 1 公頃推算，將近有 2300 個家庭以此維生，

由此可見柳丁才是古坑鄉主要經濟作物。

　　咖啡和柳丁種植人口相差何其之大，即使在 2003 年咖啡節舉辦之後，陸續設立的咖啡、簡餐、民宿業者加進來，如表 7-3 所列，古坑鄉從事咖啡與相關產業的家數，也差不多只有百餘家。

表 7-4　大華山地區咖啡簡餐、民宿家數統計表

類型 / 分區	咖啡、簡餐	民宿	咖啡兼民宿	總計
華山	18家	9家	2家	29家
華南	12家	2家	1家	15家
桂林	11家	1家	0家	12家
總計	41家	12家	3家	56家

（資料來源：楊凱成，2006）

　　從這些數字對比當中，我們可以發現地方文化產業與地方政治發展邏輯的根本差異。地方文化產業是從當地的「特殊文化」來確保其及所產生任何物品，在全球脈絡下具有經濟價值的最重要方法；而地方政治的思維，是強調照顧當地大多數人的利益，訴求當地民意的最大公約數，認為必須從當地基礎產業著手，找出策略性作物，才能帶來當地最大幸福。

　　但問題是，社區總體營造的本質在於促進城鄉交流，必須藉由城鄉交流才能找回地方的活水，讓地方的文化、經濟真正活絡起來。但要促進城鄉交流則非依靠當地特殊魅力不可，也就是當地特殊文化或差異競爭力。因此，推動地方文化產業就從當地基礎產業找出特殊作

物（相對其他地方而言）作為地方發展主力。

　　所以，筆者在研擬古坑咖啡發展計畫時，第一考量點是如何讓劍湖山遊樂世界與古坑鄉經濟發生連結，因為劍湖山遊樂世界是古坑鄉與全台各地發生連結的中介節點，接著透過咖啡讓古坑鄉與劍湖山遊樂世界、甚至全台各地交流互動，並以此來建構古坑發展行動方案。

　　古坑地方文化產業的勃興，正因為咖啡在台灣的特殊性；然也因為咖啡產量不多，而衍生出不少問題。一、推動咖啡利益與地方政治生態丕變；另一則是發生以進口咖啡假冒古坑咖啡的魚目混珠事件。

貳、推動咖啡產業與地方政治生態

　　地方政治生態左右地方文創產業發展。

　　古坑鄉並無全鄉性派系，鄉公所、代表會及農會各有各政治生態。鄉長乙職，第一至第八屆都是同額競選，而且都有婚親關係；民國 71 年以後，始有多人參選，但也都不屬任何派系，而是家族傳承，例如縣議員謝淑亞（前立法委員廖福本媳婦）、鄉長林慧如（前立法委員林國華之女）。至於農會總幹事乙職自民國 58 年至 96 年，都是由袁靖雄擔任，卸任後即由袁的大兒子袁誌謙接任，古坑鄉農會顯然已由袁氏家族控制。

　　古坑鄉推動台灣咖啡節，鄉公所掛名主辦，鄉長謝淑亞獲得各方肯定，不僅雲林縣出名，甚至全台談地方文化產業，都指名邀請她，贏得「咖啡阿嬤」美稱，在政治更上一層似乎指日可待。至於掛名承辦單位的古坑鄉農會，則同時推出標榜「台灣加比山」生產、製造台灣第一品牌的咖啡，從九十二年起，每年帳面盈餘都是一、二千萬元，

在百業蕭條之際，農會員工還能領到八個月的年終獎金，堪稱是古坑推動咖啡產業的最大受益者。

但問題是，古坑鄉農會所用部分原料卻非來自古坑而是向台中市的「輝達」、「馬雅」公司（根據調查人員對比，實際上為同一家公司）進貨，每三個月進貨咖啡粉約 200 萬元、咖啡豆約 20 多萬元；咖啡的來源是上游的貿易商「馥聖」公司，而「馥聖」的咖啡則來自印度。「輝達」、「馬雅」向「馥聖」進貨，每公斤咖啡粉價格 180 元，但是轉給古坑鄉農會卻是 320 元；糖的進價每公斤 23 元，轉賣古坑鄉農會 28 元；奶精進價每公斤 54 元，賣給古坑鄉農會 81 元（自由時報，2007.05.24）。

更離譜的是，檢調蒐證過程中發現，轉售咖啡、糖及奶精給古坑鄉的「輝達」、「馬雅」，自 92 年迄今，只有該農會一家客戶。檢調人員質疑，古坑鄉農會從事咖啡產業，對業界產品供銷價格應很熟悉，怎麼會不找其他公司比價，購買價格較貴的產品，而獨厚「輝達」、「馬雅」？

古坑鄉農會以台灣之名行銷咖啡，標榜自產自銷，實際上卻使用印度進口咖啡混充，除誤導消費者，涉嫌詐欺社會大眾外，更可能造成古坑地方政治生態歪變。誠如當地一位民眾所指責：「一個農會是代表古坑鄉的農特產，按理說拿政府的資源是要照顧當地農民，⋯⋯結果沒照顧農民，反而拿進口的咖啡豆，賣古坑的品牌，實在有檢討空間。」

古坑推動咖啡產業，意在以點的突破帶動面的發展，進而促進地方經濟振興。但實際結果，除了部分人民、企業受益外，最大獲利者古坑鄉農會卻爆發扼殺古坑咖啡品牌的造假事件，連帶而來的是涉嫌

圖謀個人不法利益。

不禁讓人質疑，古坑推動咖啡產業結果，似乎是讓特定人或家族，藉由咖啡節舉行與咖啡行銷謀取個人私利，錢與權交錯掛鉤，造就特殊利益團體長期掌控農會系統。目前古坑鄉農會總幹事乙職，由袁靖雄、袁誌謙父子接棒傳承，是否有借推動咖啡產業之名來獨攬利益，進而鞏固家族在農會權位，頗值得繼續觀察。又以進口咖啡混雜古坑咖啡事件，消費者對古坑咖啡的品質信心是一大打擊，也有可能造成整體信任度崩盤──古坑不再是「台灣咖啡的原鄉」，失去鄉野的特殊魅力。因此，如何重振消費者對古坑咖啡的信心，將是古坑未來發展的一大關鍵。

Blackston（1992）認為「品牌權益」（Brand Equity）是創造品牌和消費者交互作用的過程，這個過程便是品牌關係建立、信任品牌和顧問滿意度這兩個要素可以賦予消費者和品牌之間正面、成功的關係，或許可以提供古坑鄉公私部門思考參酌，建立起古坑咖啡品牌，重建消費者信心，讓古坑咖啡產業再放光芒。

第三節　「咖啡山」名號爭奪戰

2003 年第一屆台灣咖啡節一戰成功，雲林古坑咖啡，逐漸改變過去咖啡等同於國外的記憶符號，本土有機咖啡遂成為當道流行主流。古坑鄉華山村，由於地處海拔 4、5 百公尺，可以俯看中部五縣市，逐漸發展成為「夜景咖啡城」，儼然是古坑鄉咖啡產業的代表性地標，在這樣的過程中，將原本屬於歷史沿革發展過程的地景──荷

苞山「咖啡山」的意象，逐漸在地景空間轉移。

壹、問題形成

一、華山「咖啡山」：歷史的擬像

古坑華山與荷苞山爭奪「正宗咖啡山」名號。

古坑鄉華山村海拔約 250 到 750 公尺之間，地圖上並無「華山」這一座山，它的舊名「大湖底」可以解釋：從海拔 1304 公尺的大尖山俯瞰，這個村落左右谷有小丘環抱，形式畚箕，地形蒼翠青碧宛如一綠色潟湖，40 多年前，老村長黃添爭取更名「華山村」（周麗蘭，2003）。

「華山」顧名思義是一處「華麗山莊」，素有「雲林縣的陽明山」、「雲林縣的後花園」美稱。華山村是古坑鄉的平原與山地間起伏的開始，白晝晴空時，可飽覽嘉南平原無遺，夜幕低垂燈光通明之際，若無山嵐，眺望山下夜景非常迷人，最遠可看到麥寮的六輕煙囪冒著火花（周麗蘭，2003）。

隨著台灣咖啡節舉辦帶動觀光產業快速發展，古坑鄉內農民紛紛轉型栽種咖啡樹，而華山村及鄰近華南村、桂林村期的土雞城、山產店亦逐步轉型成為以觀賞夜景喝咖啡的結構餐飲型態（洪迺鈞，2005）。在這裡，白天遊客可以登山行，夜間可以喝咖啡、吃風味餐、賞夜景、看螢火蟲等，這些活動顯然已成為華山新的休閒文化特色。

自 2003 年迄今，大華山（華山村、華南村、桂林村）地區的咖

啡如雨後春筍般站上山頭，矗立在綠油油的茶園間，已聚集 50 餘家，形成「古坑華山咖啡城」文化，人氣直逼荷苞山的老品牌咖啡站，外地遊客甚至只知華山，而不知荷苞山，「咖啡山」稱號不逕而走。

「咖啡山」這個稱號通常指的都是當地最早發源或產量最多的地區，華山地區卻不屬於上述任何一種。它將古坑鄉原先的咖啡生產活動挪用成為商業命脈中的符號系統，空間內部的生產活動消失，空間外部的餐廳、民宿變為訊息提供者。推動社區生活文化的是消費，而不是生產，是擬仿物，而不再是農產。

華山在大眾的想像中，變成真正「咖啡山」，但正如 Baudrillard 所宣稱的，擬仿物的出身之處不在於真實的生活空間領域，但卻超越了真實性，「擬仿物本身，即為真實」（Baudrillard 著、洪玲譯，1998）。

二、荷苞山「咖啡山」：褪色的起源神話

荷苞山是一塊高約 200 ～ 300 公尺的丘陵地，從斗六市的平地望去，山形就像含苞待放的荷花，「荷苞山」、「荷苞村」因而得名（周麗蘭，2003）。

由於本地的地理位置、氣候、濕度等條件頗適合咖啡樹的成長，因此在日治時期昭和年間日本人在此栽種約 80 公頃咖啡樹，許多村民更曾雇於日本人的咖啡園，因為滿山遍谷的咖啡樹，荷苞山一帶就有「咖啡山」的別稱。

二次大戰以後，日本人離開遺留的老咖啡樹約 1 萬 7 千餘株，交由省政府農政單位接管，在民國 45 年至 48 年間農復會利用美援的協助，在鄰近的斗六設立一家咖啡工廠從事咖啡產業的加工。之後因美

援的抽離，台灣喝咖啡的文化尚未形成氣候，以及外銷成本無法與中南美洲國家競爭等因素，而在 60 ～ 80 年代暫時沈寂下來。

直到 921 大地震以後，雲林縣政府在撰擬「雲林縣斗六、古坑震災地區災後重建策略之實質計畫」時，將封存已久的咖啡產業列入重建策略作物，於是原本只存在於荷苞山的咖啡園，迅速散佈華山、桂林、樟湖等村落山坡上。

但因華山地勢較為高聳，又有斷層地形，頗有中南美洲風味，2003 年咖啡節舉辦以後，一下子聚集了五、六十家咖啡館及民宿，反成為古坑咖啡產業的地景地標。就如同當地一位民眾所言：「我知道荷苞山地母廟旁有家巴登咖啡，早期很多人聞香而來，衝著是自產自銷，的確味道有比較好啦，但是如果外地的朋友來雲林，我還是會帶他們去華山，因為那邊的選擇性較多家，而且一樣要花錢，在華山還可以加看夜景，那個巴登咖啡在山漥裡，白天只能看到對面的地母廟，到晚上黑黑的都是山，不像華山的高度觀點視野很廣。」

接著雲林縣政府、古坑鄉公所、古坑鄉農會等單位，聯合華山休閒產業聯盟、華山社區發展協會等團體，接二連三在華山地區舉辦活動造勢，諸如在農委會闢建「文學步道」上舉辦詩人節等等。

相形之下，咖啡原生地「荷苞山」沈寂不少，只剩下寥寥幾家咖啡館，包括古坑鄉第一家咖啡館「巴登咖啡廳」、以庭園山林取勝的「芋心園」。所以，「巴登咖啡廳」老板張來恩先生不禁感概地說：「古坑鄉咖啡的根源在荷苞山，華山哪有咖啡？咖啡原鄉是在古坑沒錯，但是在荷苞山，並不是華山，但經媒體採訪推說華山擁有咖啡產業？華山是因為政府在九二一後大量的補助所產生的結果，加上咖啡節的舉辦，導致那邊有夜間和咖啡，那是媒體炒作出來的，所創造出

來的是劍湖山和華山那邊的業者提升，而荷苞山這邊則逐漸被大眾所遺忘……」（高偉傑，2008）

荷苞山原本是古坑咖啡的原生地，是真實的、生活的歷史遺跡，卻在時空地景移轉中逐漸褪色。相反地，華山一種從不存在的消費性歷史與文化，卻逐漸發展成為古坑的「咖啡山」。可嘆的是，古坑鄉還要在荷苞山褪色的歷史當中尋找可用的碎片，來為華山發展「加持」。

貳、討論與分析

「咖啡山」的稱號，不僅關係華山與荷苞山兩地文化產業的發展，也影響到兩地在政治與經濟的位置，古坑鄉究竟要如何處置，讓擬像與真實結合起，來建構起「真實且想像」的咖啡原鄉，讓華山與荷苞山分進合擊帶動地方經濟振興。

一、重新連結文化與生活

Jean Baudrillard（1988）指出「要成為消費的物品，物品必須成為符號。」台灣咖啡被消費，不是來自咖啡的物質性，而是它的差異。到古坑鄉華山村喝台灣咖啡的消費者，無論是雲林人或外縣市觀光客，心中都有一種疑惑，舉目望眼所見盡是滿山滿谷的柳丁樹、檳榔樹與茶園，咖啡樹在哪裡？古坑咖啡又是從哪來？只有在往華山產業道路上偶見幾株營養不良的咖啡樹外，咖啡不知隱身在哪座深山林野（白美女，2006）。

華山挪用古坑咖啡生產活動作為消費文化素材，咖啡園卻未見跟

著移植過來，現實的生活只見四、五十家咖啡餐及民宿。一個只有符號消費而無生產活動的地點，往往會失去它的原創力，這也是古坑咖啡產業發展勢蹙的原因之一。

因此，華山村應該重新思考自己的文化定位與發展，思考與荷苞山策略聯盟，讓擬像與真實連結起來，根植於生產活動的真實咖啡生活文化，或許會是古坑咖啡再發展的新契機。

反觀荷苞山，咖啡觀光產業發展相對緩慢許多，但也因而保留許多原始農村風貌，可以提供咖啡生產的農地。其中國有財產局有一塊四、五十公頃的林地，如果學習一些中南洲國家作法，規劃成一座「咖啡莊園」型態，集栽培、採收、加工、調製於一身，荷苞山地區的產業即由初級產品提昇至展示體驗，這也是阻止古坑咖啡商品化的最佳手段，同時也幫華山注入文化活水。

二、重新組織政治聯盟

台灣咖啡節自 2003 年開始，至本研究期間已舉辦六屆，主要主協辦單位有：雲林縣政府、古坑鄉公所、古坑鄉農會、華山社區發展會、華山休閒產業促進會，荷苞山除了少數業者參與諮詢外，一直缺乏地區社團參加。當地一位業者對此頗為不滿地說：「華山所操作的休閒產業促進會，讓我的感覺是他們是小地區的小集團啦！沒有辦法開放心胸把整個古坑鄉納進去，真不知道為什麼古坑鄉公所要把台灣咖啡節交給他們辦，他們只想把華山做好一點而已吧！」（白美女，2006）

台灣咖啡節作為古坑咖啡產業對外的發聲筒，「誰在發聲」誰就

擁有影響力，顯然是一種權力競逐的過程，藉由在「真實且想像」空間中之實踐，不同的社會團體在文化的場域中，不斷地組合與更新權力的配置，同時與再造中心與邊緣的關係，結果形成以華山場域為執行中心，荷苞山因欠缺代表而處於邊緣的局面。

在古坑「真實且想像」空間的建構中，不應只提供由擬仿物所交織而成的文化體驗？而應該是提供擬仿與真實結合而成的體驗氛圍，納入實際生產的生活文化，才是古坑咖啡產業永續發展之道。

第四節　小結

雲林縣 2003 年舉辦第一屆台灣咖啡節活動，成功打響古坑的台灣咖啡名號，奠定古坑鄉成為台灣咖啡原鄉的地位。成功背後卻也隱藏許多發展危機，自 2000 年規劃開始，至 2003 年執行舉辦，以迄未來發展，這三個時間點就成了我們檢視古坑咖啡產業的三個節點。

壹、爭取中央補助款、凝聚地方士氣

中央的各個行政部門訂有各式各樣振興地方的補助政策，也就是說準備了各種補助款。為了想充分利用垂直分工的補助款，雲林縣政府與古坑鄉公所於是跨越行政部門多方活用，也就是所謂「中央的垂直分工改為地方的水平分工」。

貳、咖啡盛宴的利益分配問題

　　古坑咖啡產業成功發展成為「可被消費的一種符號」，台灣咖啡必須在具有古坑「地方文化形式」，才具備符號價值。但問題是，由於供不應求，就有不肖業者混用越南或印度來冒充，更因而爆發「貪瀆事件」，造成古坑地方政治生態丕變。

參、「咖啡山」名號爭奪戰

　　「咖啡山」稱號，不僅關係華山與荷苞山兩地文化產業的發展，也影響到兩地政經位置。一地著重行銷，一地注重生產；一地是櫥窗，一地是農場；一地是擬仿文化，一地是真實歷史。如何讓兩地聯合起來分進合擊，建構起「真實且想像」的咖啡原鄉，應該是古坑咖啡產業未來發展的關鍵。

第八章

古坑咖啡產業總體檢（二）

古坑尋找自己特有的咖啡文化做為地方發展主題，
並以它背後的故事、歷史、地方特色與體驗做為創
新文化的新契機。古坑建構「真實且想像」的咖啡
原鄉意象與身歷其境的體驗氛圍，讓消費者體驗台
灣咖啡發展史，並建立起古坑咖啡等同台灣咖啡的
符號。

第八章
古坑咖啡產業總體檢（二）

　　自 1990 年開始，在全球化經濟發展與結構性的變遷趨勢中，台灣不可避免地被緊密地整合納入，並與之同步演化，地方政經發展也深受其總體結構調整與轉變的影響與衝擊，並進而使得過去長期依賴中央政府支援與建設的發展模式逐漸地受到撼動與質疑，而產生一股自我修正與調整之地方發展新觀念與意識。

　　台灣地方文化產業就在這種背景下逐步演繹而成，政府先後提出「社區總體營造」、「文化產業化、產業文化化」、「新故鄉社區營造計畫」等政策，積極推動地方產業轉型地方文化產業，試圖重振鄉鎮競爭力，來促進地方的永續發展。本章茲對前幾章做一歸納整理，提出研究發展與建議。

第一節　案例啟示

　　本研究之目的乃分析地方文化產業之發展趨勢、理論建構與實際執行之間的衝擊，茲分成下列幾項說明。

壹、地方文化產業發展策略
　　是立基於區域分工的地方特色資源

過去台灣的地方經濟發展，在威權體制的產業政策與空間規劃呈現相當程度的一致性與同質性，忽略地域空間特色的差異也抑制了地方經濟的成長空間和地方特色的形塑。

　　在經濟全球化發展的過程中，國家經濟再結構發展與地方競爭力提升的關鍵因素，在於資源的善用、制度改革創新與市場的有效區隔，空間功能分工的策略，重新強調區域空間所擁有的環境資源優勢，來發展功能分工的特色。

　　古坑咖啡產業的發展策略，一方面與鄉內「劍湖山遊樂世界」一年 200 萬人次的遊客相連結；另方面運用與觀光資源相結合，在差異中顯示互補，在系統中群峰競秀，相互競爭、相互照應、相互提昇的效果便會產生。換言之，以城鄉交流結合文化特殊性來創造經濟稀有性。

貳、全球化是改變地方文化產業流通與操作的一種方式

　　全球化是目前國內鄉村地區發展必須面對的趨勢，然缺乏在地特色的全球化將是空洞且缺乏生命力的；因此，如何落實全球在地化理念於地景規劃工作中，應是當前相關專業努力的方向。

　　若能以全球化作為促進地方再發展的觸媒，在全球化之重視效率、速度、時機、全球市場、網絡關係、跨國交流 (資訊、創意、資金、人力資源等的跨國流動) 的趨勢下，充分利用地方特殊的自然及人文地景資源，來強化地方的地景差異性及產業特色；並透過全球化之「去偏遠化」及「去疆界限制」的跨國物流及網絡關系 (internation glows and networks)，來強化出鄉村與核心都市的互補性及共存關係；再透過區域資源共享的模式，強調出鄉村與都市結合之共生生態區域的比較競爭利益及區域自明性，藉此突顯鄉村及生態區域(結合都市與鄉村)在全球化網絡中之重要性及不可取代性，則全球化將成為地方再生的主要助力之一。

再者，隨著全球化與在地化的互動與融合，可藉由全球化之跨國(或跨區域)競爭及資訊交流之刺激，來加強民眾的自發性參與、環境覺醒、相互學習，藉此建構出對地方地景及文化的認同，進而營造出永續發展的地景生活空間。

同時，在全球化與在地化的互動與融合過程中，我們可以發現：文化差異已經成為全球性最為突顯的部分。誠如吉妮特‧佛斯(Jeannette Vos) 和高頓‧戴頓 (Gordon Dryden) 於《學習革命》（The Learning Revoluation）裡指出「當世界愈來愈像地球村，經濟也愈來愈互賴時」、「我們會愈來愈講求人性化，愈來愈強調彼此間的差異，愈來愈想要堅守我們的根及文化」。

所以，面對全球化與知識經濟，一個地方要躍上國際舞台，必須具備雙重性格：全球性與在地性。中心的新區，建設乾淨俐落，方便跨國企業與國際人員落腳連接世界潮流；周邊舊區，建設深沉厚重，方便小商戶與工匠謀生以及市民居住，並培養本土文化。一邊是迅速的吸收與交流，一邊是緩慢培養與創造。「多元一體，和而不同」也許是廿一世紀地方核心競爭力所在。

古坑的發展，基本上掌握這個趨勢，一方面劍湖山王子飯店與劍湖山遊樂世界具備國際服務水平；另方面古坑咖啡生產活動，提供在地文化特色，兼具全球性與在地性的雙重特性，也許是古坑咖啡產業

脫穎而出的理由之一。

參、地方文化產業垂直府際關係：
傾向層級治理

為因應全球化競爭激化，政府雖已制度化形式政策的建構，來試圖緩和負面衝擊的影響，然而因為中央政府統籌財政資源分派的體制依然存在，尤其地方文化產業經費大部分屬中央各部會計畫型補助款，地方自主能力雖有所提升，但所能發揮的空間仍然有限。換言之，地方政府在某種程度上還是受到中央威權的牽制，只是現階段，它逐漸成為一個有能力的反對者。

從古坑咖啡個案爭取經費的互動過程即可見一斑。地方文化產業的治理關係，仍傾向於層級治理。這反映兩個意義：一、中央政府習於藉由資源的操控與支配權，誘使地方勢力與政府結合，並沒有因政黨輪替而有所改變；二、官僚心態，中央官員認為地方政府或鄉鎮公所，只會要資源不會做事，由於權力不對稱的情況下，握有資源或權力的，才具有主導地位，這與地方文化產業營造內涵是背道而馳的。

因此，未來有關制度環境的經理上。地方財務的自主權限的強化是一個絕對必要的趨勢，而為促使地方的經濟資源得以充分利用，則應積極鼓勵地方競爭與合作機制的建立，並允宜擴大引導民間協助地方建設力量和相關策略的形成，使得地方經濟的自主權回歸於地方，中央則善盡督導與邊陲落後地區的提振工作，那麼地方文化產業「內發性發展策略」才可以實踐。

肆、地方文化產業治理模式：
菁英 ── 協商 ── 說服

　　地方文化產業的推動機制乃是各利害關係對象彼此間不斷地干預與競爭，透過協調與談判，使得各作用者能夠處在適當的位置，以順利進行各自角色扮演，因此在每個階段的治理關係往往需視取得相對優位作用者如何運用推動而定。

　　再者，鑒於地方社會的複雜性，是由很多制度與作用者交織成相互依賴的關係網絡，因此地方文化產業發展之治理並不是特定幾方作用者即可掌握，而是一組穩定的「治理政權」(governing regime)，是跨越公私部門、多方組成的聯盟，藉由合作引入個別成員所擁有的制度性資源。

　　在這樣的聯盟當中，無論是公部門或私部門，已不見得有其共同的目的，亦無法獨自行使權力，而是透過這個穩定的關係網絡，設定合作聯盟的行動主題。而利弊得失，則需視取得相對優位的成員如何運用推動其策略方案而定，因此在地方文化產業發展過程中，各階段的均有一作用者發揮重大的影響力。

　　古坑咖啡產業發展過程中，在規劃階段，從無到有形成計畫，提供地方發展願景，亟需公部門資源的投入；到了建設階段，企業則逐漸躍居主導地位，將商業營利模式帶入；到了營運階段，則需要社群組織、居民的認同與支持。換言之，在策略形成初期是由地方行政首長的菁英團隊(包括政治、行政官員及專業團體)負責政策決定與方案研擬，而此同時，必須徵詢相關人的意見，然後轉化為推動與執行的方案，並於此階段廣泛地向民眾、業者、社會團體進行說理與說服。

因此，在不同階段就有不同治理模式。

　　總之，政府為因應全球化競爭激化，而逐漸調整的機制，企圖讓各個作用者建立起夥伴關係。在古坑咖啡產業營造過程中，我們由前述分析得知，西方新公共管理模式所稱的政策引領、媒體溝通、授權與責任等概念已逐步在落實；至於近來流行的新治理或新公共服務模式所強調建構民眾參與及責任共同承擔的機制，似乎還有段距離。

伍、地方文化產業資源爭奪場域在中央政府

　　按地方文化產業大部分經費來自中央各部會計畫型補助款，雖為便利督導，內政部、農委會、經濟部及文建會等部會在申請補助作業須知規範提案單位限定在縣 (市) 政府，或者授權縣政府審查鄉鎮公所提案，但最後決定補助優先順序及經費金額，還是在中央政府手裡。

　　補助款依規定須納入各縣市年度預算，接受當地民意機關監督，但由於財源來自中央，民意機關一般很少也很難杯葛。因此在縣市層級，地方派系如為爭取地方文化產業資源，往往會傾向與執政派系交換，在交換過程中，他們有時又會更加深彼此的相互依賴程度，形成結盟的可能，在古坑咖啡產業資源爭取過程，古坑鄉公所與雲林縣政府的互動中，即可見一斑。

　　在另一方面，隨著中央民意代表的全面改選，使得地方派系和財團可以透過推舉民意代表參選的過程中，進入中央決策核心。自此，原本僅能享有區域性、部分壟斷之經濟權力的地方派系或財團，轉變成也能分享全國性、全國性的經濟利益。所以，地方派系有時透過立

法委員直接到中央各部會施壓爭取地方文化產業的補助款。

陸、深化在地特色並發展衍生文化
　　作為地方文化產業後續發展基礎

　　面對全球化浪潮的競爭衝擊，一個地方如果不在全球產業的節點上，顯然無法以「量」取勝，而需以提高附加創值與其他地方一較高低。而附加價值的創造則需以地方認同與更新為基礎，往日常生活經緯中，反過來回應全球化的複雜變化。

　　在不再以大量生產與大量消費所支撐而起，而是以創新、彈性及多樣性為特徵的發展模式下，以及民眾自主意識逐漸升高，地方有機會重新審視地方資源與優勢，於是地方文化、特色及差異性一再被突顯出來，尋求地方的「文化特色」或許是一地的在地化，社區營造的起點。誠如 David Harvey 所言，文化是提高一地的「象徵資本」與「特殊區辨標記」(Mark of distinction) 的力量。

　　不過，這種「體驗的經濟」，意味著我們將面對一個更不確定的市場，因為所有體驗的感覺都是主觀與游離的，而當體驗感覺能被地方所掌握、體驗符號能被社會上大多數人規律化地享受，差不多也是此一體驗消失的時刻，這幾乎是所有地方文化產業發展的共同難題。

　　地方文化產業之所以吸引人，是立基於「在地」與「特殊」兩種地域特性，再加上創造造力與想像力將之商品化與文化化，而建立起與全球或區域其他產業和地景的區辨力。換言之，這種區隔的產生來自於文化特色展現的不斷強化。不過，由於地方感與地方意象其實是個不斷建構的動態過程，而非發掘地域恒久不變的特質與歷史，因此

透過深化在地特色並發展衍生文化，才能不斷與外來文化形式區隔競爭。

古坑咖啡產業已經發展成為「可被消費的一種符號」，台灣咖啡必須在具有古坑「地方文化形式」，方才具備符號價值。其內涵有兩個意義，第一、強調本土的、原生的意義，這在 2003 年台灣咖啡節舉辦過後取得代表性；其次，是強調當地自產自銷，由於產量有限，就有業者混用花蓮、屏東等咖啡，甚至進口越南或印度咖啡來冒充，嚴重泯殺古坑咖啡文化基礎。

古坑咖啡種植人口只有四、五十人，栽種面積不過四十餘公頃，著實很難讓真實咖啡生活文化紮根，一個只有符號消費而無生產活動的地點，長期下來往往會失去它的原創力，並斷絕發展衍生文化的能量，這是古坑咖啡產業發展的最大危機，也是古坑咖啡產業再出發的最重要問題。

柒、永續發展觀念是地方社區的永續未來

地方文化產業被認為是一種「內發性的地方發展策略」，期盼透過在地文化的形塑與認同，同時帶來地方經濟的效益。

然而，許多實際案例卻展露出一種「地方治理」的邏輯，每個地方政體都是從「競爭力」出發，地方政府以此建構各種地方發展的行動，其所關心的是如何增加就業機會、如何增加觀光人數。不過在這種地方發展架構中，一種「對外」的社區發展，一種強調地方「競爭」的發展模式成為主要的論述，而對於更深刻的問題，如民主深化、環保生態等，基本上並不注重。

David Harvey 就很悲觀地認為，如此一來社區發展註定是「退步的」。里斯里集團在《競爭的極限》一書更進一步認為，崇尚競爭的意識型態將結構性扭曲經濟本身的功能，至於社會的惡劣影響就更大了。Bill Mckibben 甚至主張，「更多」並不於「更好」，幸福經濟是以人民幸福為核心的經濟，經濟成長是很重要，但不再是唯一的目標，人民的生活品質比產業發展更為重要，這也是地方文化產業的終極目標，因此永續發展觀念才是地方社區的永續未來。

　　從 2003 年起，「台灣咖啡節」舉辦期間，整個古坑大華山地區經常是滿坑滿谷的人潮，教人見識到「台灣咖啡文化」再度興起所帶來的蓬勃商機。但另一方面，隨著古坑華山的商業發展，地景改變可用「一日數變」來形容仍不夠貼切。只見蜿蜒小道兩旁盡用大量五光十色的餐廳、民宿、咖啡館、土雞城等櫛比鱗次，密集地讓大地沒了呼吸空間。所循的開發軌跡也近乎千篇一律地，先整地闢設停車「場」，趁勢搭個「攤位」，蓋個鐵皮「屋」，進而經營餐飲小「店」，再伺機偷天換日擴建成不太起眼的「小民宿」，然後順理成章地增建成豪華的「特色民宿」。

　　農舍違章建築事件之餘，接著而來的是因為行銷太成功導致咖啡產量跟不上來，所引發產品魚目混珠爭議，這些文化庸俗化、空間商品化、環境私利化，應該是古坑咖啡產業營造過程中更值得思考的問題。因此，如果純就「文化創意活動」觀點而言，「台灣咖啡節」或可謂之成功；但若加上「地方永續發展」觀點，則勢必重新評價。

捌、古坑咖啡產業營造過程的優缺點與檢討

綜合前面討論與分析，茲將本研究計畫個案－古坑咖啡產業營造過程的優缺點與檢討簡要説明如下：

優缺點 項目	優點	缺點	說明
全球化觀點	·從地方之歷史與自然景觀來創造壟斷地租價值的力量。 ·古坑選擇「咖啡」作為地方發展作物，是依「文化特殊性」來創造「經濟稀少性」的策略。	·政治目的在於創造大多數人利益。 ·古坑栽種柳丁人口約有2300戶，是栽種咖啡４８戶的45倍強。	·地方發展動力來自於城鄉交流，要促進城鄉交流則非當地特殊魅力不可。 ·古坑在地方文化產業與地方政治發展邏輯思維中，選擇了前者作為發展策略。
推動機制	·在古坑咖啡產業營造中，雲林縣政府、古坑鄉公所與營利、非營利民間組織的積極參與對地方經濟振興可説是成敗的關鍵。 ·這種"彈性"與"開放"的治理模式，讓利益關係參與其中，與傳統科層制度截然不同。	·中央政府對於規劃階段不予補助，致古坑咖啡產業發展延宕3年。 ·2003年第一屆台灣咖啡節後，又獲得過多政府資源投入，甚至榮獲2007年農委會舉辦「十大經典農村」第一名頭銜。	·中央補助款是地方文化產業啟動的關鍵，對於凝聚地方士氣、形成整體構想具有催化作用。 ·建議採行「中央垂直分工轉為地方水平分工」的資源整合與分配方式。
消費文化觀點	·古坑尋找自己特有的咖啡文化產業作為地方發展主題，並以它背後的故事、歷史、地方特色與體驗作為創新文化的新契機。 ·古坑建構「真實且想像」的古坑建構「真實且想像」的咖啡原鄉意像與身歷其境體驗氛圍，讓消費體驗台灣咖啡發展史，並建立起古坑咖啡等同台灣咖啡的符號。	·產量不足，致發生以進口咖啡假冒古坑咖啡的魚目混珠事件。 ·古坑鄉正從「台灣咖啡原鄉」走向「走味的咖啡」。	·古坑鄉挪用原本生產活動變成商業命脈的符號。 ·當一個只有符號消費而無生產活動的地點，往往會失去它的創造力，這是古坑咖啡產業永續發展的關鍵。

表8-1 古坑咖啡產業營造過程比較表

（資料來源：作者整理）

第二節　案例建議

　　放眼台灣未來的地方文化產業，發展的路途仍十分遙遠。而對多數縣市的地方文化產業而言，眼前均十分關注近期因政經局勢轉變而促成的「陸客來台旅遊」風潮，可能引發的產業連動效應，是否能為其注入強大的發展動力。例如，本文為探討台灣文化產業面對全球化的挑戰，所選擇極具代表意義之「雲林古坑咖啡案例」亦是如此。

　　然而，面對這類超越「區域層次」之上的政治與經濟趨勢，「個別地域」所能掌握的資源與調適能力卻顯得有限。

　　「大規模」的觀光旅遊活動，固然將帶來可觀的潛在經濟效益，同時，文化作為商品所展露出的意象，是否能準確地敲進其對象心理層面之感覺結構，產生共鳴？換言之，地方文化產業商品的打造生產需考量文化的高度對象性，除仰賴在地固有特色作為核心外，往往更需行動者結合外部能量，更「精巧地包裝與串接」。

　　由此角度也更凸顯前一節所指出的，在地方文化產業的營造過程中，「夥伴關係」必須強化並持續經營拓展。茲以下列面向，列舉本節對未來地方文化產業發展的研究建議，並作為本研究之總結：

壹、整合各部會資源，發揮「聚焦」效果

　　目前地方文化產業營造工作，涉及到政府許多部門，諸如經濟部的「輔導創意型地方特色產業計畫」、內政部的「打造城鄉新風貌計畫」、農委會的「一鄉鎮一休閒農漁園計畫」、文建會的「新故鄉社區營造計畫」，尚有環保署、衛生署等各部門的政策手段或工具並不

盡相同，缺乏橫向聯繫，以致於各行其事，社區資源無法有效協調，造成資源錯置、無法共享的問題，經常出現部分活躍的社區獲得過多的政府資源投入，而部分最需要資源輸入社區，反而未得到部門的協助。

本計畫建議由「縣政府」來擔綱協調工作，發揮「聚焦」效果，其理由如下：

第一、地方文化產業推動或執行組織，包括了中央政府相關部會、地方縣市政府與鄉鎮公所、民間企業、地方自治團體、地方學術機構及輔導團隊等，縣政府居於承上啟下的中心節點而言。

第二、地方是文化產業所在地，對當地自然景觀、人文歷史、發展潛力遠較中央政府了解，而縣政府組織規模也較為適宜、較具「彈性」與「機動」，相對於中央政府與鄉鎮公所。

縣政府來擔綱「聚焦」整合工作，可能面臨的端是與地方派系利益糾葛不清而失之偏頗，因而仍然需要由各部會負責審查把關及跨界協調，這就是所謂「中央垂直分工轉為地方水平分工」的資源整合與分工方式。

貳、建構文化關聯產業鏈

「地方文化產業」是一種強調「生活氛圍」的體驗產業，包括了親身、娛樂、教育與美學體驗在內。在創意競爭的經濟市場中，創意內涵、設計策略與應用，將從單一產品的功能取向轉向區域文化、美感品味、客製服務的整體體驗。地方文化產業經濟類型也將以消費產品核心的工業經驗，轉向以消費生活型態體驗的經濟。

但目前似乎仍停滯在販售單一性產品，如古坑鄉仍在銷售咖啡豆、咖啡餐等一、二級產業，似可推出深度咖啡之產品，如何和其他領域、鄰近地區結合，發展出「套裝式產品」，推動文化產業往文化觀光發展，應該是地方文化產業未來的重點。

因此，地方文化產業業者必須透過全面整合垂直分工及水平串聯各個生產、流通與消費環節和其代理者，創造一個產業群聚現象，創造出更多的附加價值和更大商機。

參、地方行政單位要有宏觀視野遠大目標

地方文化產品計畫規劃時，必須以更宏觀的思維來擘畫，才能使更遠大的願景獲得更廣泛的支持。首先，不能只著眼自己鄉鎮的利益，而忽略了外在的其他因素，即使這樣的設計能獲得鄉鎮民的支持，也很難獲得其他鄉鎮民的共鳴，能否獲得其他鄉鎮多數人的支持，將是地方文化產品版圖能否擴大的關鍵。

再者，在經濟與地方社會、文化結合過程中，亦不可忽略發展所可能導致的自毀性結果，以文化為基者，如過份將文化資產「商品化」而一味消費，則不免流於庸俗而不能長遠。

更有甚者，在全球化時代地方文化產品的規劃與企圖應具國際視野，台灣每年舉辦無數的節慶活動，很少吸引大批國際觀光客進駐，則這類地方文化產業活動引起的經濟活動效益，從國家的角度來看，不過是把錢後右手交到左手，換言之，活動中雖有人花錢，有人賺錢，可是對台灣的整體經濟卻毫無助益。

當前推動地方文化產業的過程中，因缺乏長遠規劃形同浪費民脂

民膏；因政治與選票，一窩蜂地舉辦各種地方文化產業活動，最後都變成浪費公帑的文化大拜拜；因各地方政府彼此複製、抄襲而產生的均質化、無聊化，及相互複製下出現的惡性競爭與同質化危機。換言之，這種因均質而連帶引發的重複投資與表面功夫，所造成的負面後果是：財政與資源浪費、地方文化產業活動的獨特性不足、彼此替代性強、缺乏效益評估，淪為趕新鮮與追流行的玩意兒等，使得地方文化產業活動的目的無法真正地在地方中向下紮根並尋找本身的特色。

第三節　下一步是什麼？

古坑咖啡產業可持續發展是追求的永續目標，「可持續發展」一詞是聯合國環境與發展世界委員會於 1987 年發表的報告《我們的共同未來》（又稱布倫特蘭報告，Our Common Future）中首次提出，強調地球上代際傳遞，以及現代人要為未來考慮。

可持續性有三個主要向度，也是三個基本原則：社會或文化的、生態的及經濟的，我們依此來討論古坑咖啡產業未來發展。

壹、文化是一個不斷自我生成的社會歷程

文化的形成本來就不靜止的，傳統更需要新的活水。古坑自 2003 年舉辦第一屆台灣咖啡節，掀起在地咖啡品嚐熱潮，雲林縣政府隨後在古坑華山興建一條長 600 公尺文學步道，鐫刻當地作家手稿，深化在地人文風味。

接著行政院農委會在 2012 年舉辦「國產精品咖啡豆評鑑制度」，

實施分級制度以提升國產咖啡品質；農業部茶及飲料作物改良場研發咖啡醱酵技術，利用咖啡於醱酵階段融合當地盛產水果，如檸檬、柳橙、鳳梨釋迦、香蕉等增加風味豐富度及層次感。

近來，需特別注意的是，數位技術風潮改變了生產者與消費者之間的壁壘。它更好地理解為一個複雜的生態系統，在這個系統裡，人們可能在不同時間或各自職業的不同方面扮演不同的角度，因而形成新型咖啡文化，更具社群性與民主性，讓古坑當地更瞭解它在咖啡市場的位置與角色。

貳、以生態維護為核心任務的地方發展憲章

古坑華山及荷苞山，在咖啡風潮前，幾乎都種植竹筍、鳳梨及檳榔等經濟作物，其間點綴著零星土雞城。隨著咖啡產業發展，帶來大量人潮；咖啡莊園建設起來又有違章之嫌。

透過政治與經濟權力的交織，將「文化」與「傳統」經由一套「發展」論述將社區記憶整合進國家發展與產業生產、消費的邏輯當中。在這一過程當中，往往忽略地方社會發展最核心的面向：生態永續發展。

生態永續的建設是要依循自然法則與符合地方需求，這是地方在面對各式各樣的問題，出於必要，自然而然將生態設計發揮到極緻、鑲嵌在文化中。

參、從文化創意到體驗經濟

古坑咖啡產業價值源自消費者的體驗與品味，它追求顧客感受性滿足的程度，並重視消費過程的自我體驗。

也就是古坑生產「台灣在地咖啡」，在台灣認同過程，讓台灣人使用與品嚐，造就台灣咖啡市場浪潮。

古坑咖啡爆紅後，當時台灣咖啡並未有相對產量應付暴漲需求，有不肖業者使用越南、印尼咖啡豆冒充，動搖消費者信心，此後咖啡觀光產業一路下滑，單日來客量從最高 3 萬人萎縮到剩下不到千人。

古坑要如何重建「台灣咖啡原鄉」魅力，創意與體驗將是兩大關鍵。

自此以後，台灣嘉義、南投、台南、屏東等地紛紛加入種植咖啡行列，為了提升品質作咖啡評鑑（包括綜合香氣、酸度、醇厚、風味、餘韻五項）及咖啡莊園品牌概念，並進而參加國際咖啡競賽COE（Cup of Excellence）獲得大獎。

另方面，台灣年輕咖啡沖泡師更屢屢在世界咖啡烘焙、手沖、拉花、咖啡店大賽獲獎，成為後全球化時代年輕人創業的典範。台灣咖啡產業從種植、品嚐，甚而進入品味的經濟型態。這種趨勢在 2017 年台北市政府舉辦的「台北國際咖啡節」（本計畫是由筆者建議社團法人台灣咖啡協會主辦）更見端倪。

第九章

從全球化到地方化

後 2008 年世界圖像，數位化社會效應：零工經濟、高齡少子化與虛實世界整合；全球化社會效應：貧富、醫療、環境極化。

這種新型資源配置方式，潛在地創造出社會秩序大規模變革，從低通膨高增長轉向高物價低增長年代，從環境極限走向環境制約，從全職工資勞工轉而僱用隨叫隨到勞工，全球化將不得不回歸到地方化。

第九章
從全球化到地方化

　　從 1980 年代隨著金融全球化的發展，資本主義在全球範圍大規模擴張發展，並且與互聯網等訊息技術的進步融為一體，同步誕生還有互聯網上的無限金融空間能在一秒鐘之內實現數千次金融交易。也就是這種不必持有工廠、能源和天然資源，只要在電腦按幾個鍵，就能累積驚人的權力與金錢，是拜全球化之賜，卻也留給全球無限危機，2008 年，美國二次房貸危機已經將它的缺點暴露無遺。

　　從此之後，全球化方向與速度發生變化，到 2020 年新冠肺炎爆發，全球產業鏈與供應鏈受到波及，國際貿易、跨國投資及銀行貸款都在萎縮或處於停滯狀態，「經濟學人」（The Economist）雜誌把這種現象稱為「慢球化」（slowbaliation）。人們意識到，追求無限的「擴張和增長」並不能帶來精神上的滿足和人類渴望的幸福，也無法解決地球資源存在極限的問題與貧富差距加劇的問題，地球似乎有從全球化回歸到地方化的趨勢。

第一節　世界秩序的轉變

　　歷史自 1980 年以來，發展頗為撲朔迷離，常有令人意外的戲劇化發展，美國利用兩次石油危機讓美元成為世界核心貨幣，冷戰瞬間的終結引來全球產業大遷移，不對稱戰爭，大批難民爭相跨國逃亡，以及地球氣候異常日益嚴重。

因此，有人提出，時代的歷史明顯加速，而且是壓縮了！但其軌道並不穩定，現實世局實處於無秩序狀態？！

歸結這四、五十年的發展，大抵以 2008 年為轉折節點，展現出不同發展特徵。本來全球化的發展順序，首先是人口流動，然後是物資流動，最後是資金流動。但在網路科技發展後，這個順序發生改變。先是金流，然後是物流，最終才是人流。正是這樣的時間差引發了各樣的矛盾，導致世界變了樣貌。

壹、1980 ～ 2008 年的特徵

在 70 年代美國利用兩次石油危機，通過一個能夠控制的戰略價格（美元利率）作為武器去控制一個美國無法控制戰略性商品（即石油），透過金融化實現美國的霸權。

1980 年代歐美國家運用技術優勢與東亞廉價勞力結合，成為世界成長新引擎。結果美國國債達 30 萬億美元之多，依賴對美出口而經濟增長的國家，雙方竟然和平共存甚至共贏，這種奇怪的局面居然持續數十年。

一、產業製造由西方轉向東亞

由於韓戰越戰，石油危機等原由，美國產業逐漸向亞洲位移，先是日本，接著亞洲四小龍，後繼則為中國及東南亞，根據 UNSTA. ORG 數據統計 G7 的製造業占世界份額，從 1990 年代初期的三分之二跌落到2010 年的二分之一以下，其中還不包括委外製造的零組件。

二、金融與資訊的全球化

到了 1980 年代，美國產業大抵上以資訊、生技、航空、軍工及農業為主，農業除外皆屬軟性產業，所以要鬆綁法令才能促進流動的速度與範圍，要降低稅賦才能提升金主的投資意願，在這種背景下空前滋養 IT 產業發展。

我們從一些數字來理解這場革命，1986 年到 2007 年間，世界資訊儲存容量每年以 23% 的速度增長；1986 年整年通過電信傳播的訊息僅 1996 年的兩千之一秒。

三、美國赤字帶動全球經濟成長

自 1980 年代起到 2008 年止，美國為全球「生產」一個穩定金融資產：美元及美債，如果美國赤字水平不足以滿足國際貨幣市場對美元的需求，美元的價格就會上升，進口增加，出口減少。

儘管美元債務變得龐大無比，美元發行者美國，作世界最大軍經體，其地位根本沒有受到影響，也沒有其他貨幣來替代美元。換言之，美國以其強大軍事力量（在全球一百五十多國，部署了五百處以上的軍事設施），來維持其在全球的影響力。

截至 2022 年止，美債規模已達 31 萬億美元，超過美國 GDP 總量。儘管美債利率在 1.6% 到 3% 之間浮動，但美國通貨膨脹率往往超過這個標準，以致各國購買意願越來越低。2023 年 7 月美國財政部長葉倫（Janet Louise Yellen）訪中，擺低姿態無非希望中國增購美債。

貳、2009 年後的特徵

在全球化和新技術的影響下，經濟不平等開始增加。資本收入在總收入中佔比一直在上升，這意味著資本和資本家正變得比勞動力和工人更為重要。

湯瑪斯 皮凱提（Thomas Piketty）認為，精英階層通過金融資本的交易轉移，以及對子女教育的巨大投資，導致了「統治階級的再生產」；另外一大部分的人陷入「無工可做」轉向「被迫懶散」，成為「被遺忘的人」或是「失去尊嚴的人」，他們被排除在任何有意義的「自由競爭」之遊戲之外，結果社會處於「極化」狀態。

一、貨幣擴張發行成經濟成長主要工具

貨幣的發行必須建立明確物質基礎，惟自 1971 年美國放棄金本位，資本就以虛擬方式流通，2008 年金融風暴肇因這兩種的落差，根據法國馬克宏顧問 Jacques Attali 的《未來簡史》一書，虛擬經濟與實體經濟之間產值比例不斷放大，美國從 1970 年的 2：1 提高到 2015 年的 50：1。

2008 年的這場金融風暴之所以安然渡過，主要原因是資訊科技市場與中國內需市場發展，可是前者在 2013 年史諾發事件後戛然而止，後者則因美國阻止「一帶一路」發展而趨於勢弱，自此之後，世界有利可圖的投資機會越來越貧乏，成為形同一條越過反曲點的指數型曲線，越來越無以為繼。

二、全球普遍極化現象

全球化與網際網路發展的結果，形成虛擬流空間與實體地方空間，資源往往集中於特殊點上，以致形成：

A. 地域分化：繁榮的大都市與破敗的普通城市落差
B. 階層分化：享有一切的家庭與分崩離析的家庭落差
C. 全球分化：贏家與落後群體的落差

三、人與自然關係日益惡化

打從進入第三個千禧年，全球氣候異常出現劇戲性變化，連帶一系統天災人禍，911 事件、SARS 病毒、北非革命、美國金融危機、日本福島震災，以迄 COVID-19 的發生。

美國著名作家 Thomas L. Friedman 認為地球變成「又熱、又平、又擠」，實肇因於金融危機、社會極化和氣候危機三者相互影響的結果。

這三者之間隱隱約約透露著：人類透過永無止盡的連結來攫取資源擴大經濟版圖，不僅僅從陸地，海洋到天空，更重要的是讓時間與空間，實體與虛擬的連結，而且速度從時速變異為光速，人類社會已產生戲劇性變化。

而這些因素緣自 20 世紀後半葉金融資本主義與 IT 科技結合力量所驅動，這些力量又形塑了 2008 年後社會、政治及經濟金融的特殊價值觀，形成新社會的圖像。

第二節 未來社會圖景

打從 1990 年以來，世界不斷上演顛覆式重構。1991 年蘇聯瓦解以及連網科技隨之而來，世界一切都在流動，沒什麼成品，沒什麼完結。這種永無止境的變化，就是現代世界的主軸。

2008 年美國金融風暴後，世界地緣政治已由單極轉變成兩極，2013 年美國的「重返亞太」對上中國的「一帶一路」，到了 2016 年川普上台美國單挑中國，2020 年拜登上台改弦易轍聯合盟國對抗中國，從 G7 到了 G10 甚至是 Gx 的圍堵，再加新冠病毒，世界的秩序已是永遠改變。

同時數位化秩序正逐漸接替物理秩序，從物到非物，從真實到感受，從客觀存在到主觀放大，與物品相比，訊息變得越來越重要。

面對這種情勢，我們不禁要問，人類社會將會是什麼模樣，將何去何從？！

壹、當普通不再是普通

21 世紀是一個「以快代慢」的大加速時代，創新儼然被視為最重要的工作能力，原有的工作型態已逐漸瓦解。

首當其衝的是效率與創新並不相容，我們被困在兩者之間，就像磁鐵的兩極，把我們撕裂。

當 IOT、AI 的最佳化處理系統成熟時，人類很多行為很可能被取代，甚至驅逐。在社會急遽變動的過程中，現在視為「普通」，再也不「普通」了？！

就學、結婚、生子、工作這些人生大事，到了下一個世代將面臨挑戰。智慧化、虛擬化、評價化、少子化，讓很多習以為常將變成不再容易，為什麼？

　　在過去，剩餘勞動力可以從其他的新生產領域，不斷催生新的需求，社會在整體上形成不斷走上富足的良性循環。

　　現在使用 AI 讓生產率大幅提高，卻意味著：更少的人就能生產出更多的產品，因此社會需求的勞動力進一步減少，失業的人就更多了。

　　圍繞雇用的競爭就越激烈，有幸獲得有限工作的人為了保住飯碗而超負荷工作，形成「過勞而獲」、「時間飢荒」。相形之下，被淘汰出局的人，卻形同「被迫懶惰的人」、「被遺忘的人」和「失去尊嚴的人」，他們的被排除在任何有意義的「自由競爭」遊戲之外，身處同一國度，卻感到自己是「祖國的陌生人」。

　　被排斥的群體會通過民主政治所有可能的方式表達他們的絕望、憤怒以及反抗，終將開啟一場階級戰爭。其實，成敗雙方都過著悲慘的生活，這很接近馬克思的一個論題，在資本主義體系中，資本家和工人同處異化的狀態，所以社會出現：過剩 失業 貧困的新情況。

　　社會極化情況，在科技為我們創造「平台」工作系統得到印證，獨立提案為爭取有限機會爭先恐後削價競爭，更多使用者更是無償提供數據資料，最多只是獲得「按讚」的報酬而已。如今職缺正由「白領」變成「藍領」、「有償」變成「無償」，提供以時數計價的「零工經濟」正在成為社會工作主流，無給職成為新常態。

貳、素人明星竄起，無驚不奇

　　未來社會的競爭，就是「能夠收集多少高評價」或「能夠變得有多名」的「評價經濟社會」，諸如中國一位偶像明星，動輒就有上億粉絲，隨便露個臉就價值不菲。

　　在網路中，任何人都能成為資訊傳播者，也就是「提供」影響的那方；同時，任何人也都是接受影響的一方。

　　每個人都會為了帶給他人影響而發布資訊，而接受資訊的一方，在接受「資訊」的同時更接受了「價值觀」而受到影響，並會給予對方做出評價，這是個互相交換「評價」與「影響」的社會。

　　新社會的競爭原則就是在電子網路爭取「能夠收集多少高評價」或「能夠變得多有名」，成為所謂「網紅」也就是過去「明星」相同詞。

　　在極化世界，光是靠選舉投票，社會也不會輕易改變；光是在課業或工作上做出一些努力，自己在學校或職場也不會有所變動。既然社會和自己的都不會輕易改變，那麼改變世界唯一的方法就是「誇大」，或言詞暴力，或身體解放，或藉由 AR、VR、濾鏡「觀看自己想像的世界」，才容易獲得網路的按「讚」，滿足自己的成就，或因此取得利益。

　　除了「跨大」外，一些 APP 亦可讓需求（需要服務的人）跟供給（提供服務的人）能夠直接連絡起來，諸如「Sugan Daddy」或「Sugan Baby」等。

參、以搜尋替代思考，同溫層效應

以搜尋代替思考，「大數據演算法」看似服務我們個人愛好，但不也正在型塑我們的愛好？！

不靠自己去思考答案，而是在網路眾多意見中選擇與自己相近的意見。如智慧手機的使用，對自己不感興趣的訊息會很快「滑」走，反過來對自己喜愛的內容則會指尖滑動放大，即可見一斑。

從目前社會來看，演算法似乎決定一切，從 Google 的搜尋，乃至於 Amazon 推薦購買清單，FB 的新聞，早已指定生活方式，更可怕之處，在於它知道連我們都不瞭解的自己，只是根據瑣碎或沒有意義的數據碎片。

「演算法推薦」看似服務我們個人愛好，但反過來說，它也正在型塑和抑制我們的愛好，讓我們無法全面認知事務。

因為演算法的運作通常是根據設計原則，也就是我們人類、人類偏見、暴力、無知等等一併學走。

所以用搜尋來思考方式，似乎成為現代的一種現象，指的是不靠自己去想答案，而從眾多的意見之中，選擇與自己對味的意見。

未來社會圖景圖示，如下圖所示：

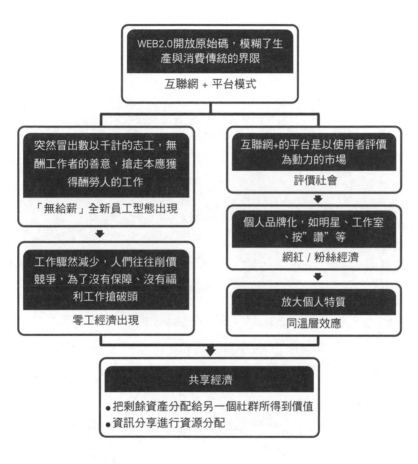

圖 9-1 未來社會圖景

(資料來源：作者整理)

第三節 從全球化往地方化位移

2008 年美國爆發次級房貸金融危機，引發了以美國為中心的非物質「網絡金融空間」和以中國為中心的物質「產品供應空間」對峙，雙方關係在 2013 年開始變化，先是文攻，以重返亞太對上一帶一路；後為武嚇，貿易戰開始開始損上開打。到了 2020 年新冠肺炎發生，則為另一個拐點，近來則為 G7 到 Gx 對上中俄伊圍堵之戰，全球化已逐漸蛻變。

壹、形勢：從全球化到慢球化

隨著中美對立、新冠疫情、烏克蘭危機的出現，在環境發生變化的情況下，以往全球化迎來了巨大考驗。疫情下口罩供應短缺，中國防疫措施造成供應鏈混亂，烏克蘭危機導致能源與糧食不穩定。

減少手裡的庫存並重視效率的「just in time（實時管理）」式經營抵禦危機的能力十分脆弱，因此需要在思維上轉變為防備緊急情況的「just in case（以防萬一）」模式。

美國貿易代表戴琪表示：全球化已出現問題，需要進行升級，「新版本的全球化不僅需要高效率和低成本，還需要韌性」。也就是說，不將人才、數據、供應鏈集中在一處，而是分離開來，以降低風險。

全球分離形勢不僅僅出現在製造業，同樣出現在商品市場，一邊是中國主導發展的 RECP，一邊是美國正在推動建構「印太經濟架構」；還有科技領域，一邊是中國積極發展的 5G、AI 及新國際太空戰，一邊是西方暫居優勢的半導體、生物科技及綠色科技，雙方各擁

勝場。

　金融領域一邊是美國一貫領先甚至是獨占的 SWIFT 及美元霸權，另一邊，則是開始挑戰美國金融霸權的中、俄、伊朗、印度及中東發展的「去美元化」現象；還有基建領域，一邊是中國主導也取得領先優勢的一帶一路及亞投行，一邊是急迫的美國全球基建投資；甚至還有價值和體制領域等等。換言之，從全球化到慢球化到地方化已是大勢所趨。

貳、資源：從過去掠奪到未來掠奪

　一個時代形成，通常由科技加速、社會變遷加速與生活步調加速同時交互影響。接著邏輯推理，要是科技的加速意味著生產及交通所需時間變少，那應該能保證增加空間時間才對，並因此減緩生活步調。但吊詭的是，時間非但沒有變充裕，反而似乎更加稀少。同樣的，要是「科技加速和時間變同時發生」，那麼社會變遷加速只有套用到社會上才有意義。

　日本知名生物學家本川達雄在一本著作「生物文明論」（本川達雄，2015）乙書中提出了，將時間作為環境問題考慮的觀點，嘗試解釋這個議題。

　他認為「商業」（business）的本意是字面上的「busy ＋ ness」，其本質就是「使用大量能源來縮短時間」（加快速度），通過使用更多的能源用更少時間到達目的地，實現「資源→時間」轉換，其結果工業科技在短短兩百年間就幾乎用光地球從 3 億年前積累到今的化工燃料，如果說這是「對過去的掠奪」，那麼用核電代替有限的化石燃

料，嘗試製造人工無限的作法就是「對未來的掠奪」，因為放射性廢核料究竟如何處理仍無答案。

　　然而現代人的身體已經漸漸地跟不上這飛快的時間，所以本川達雄認為解決「時間環境問題」，才能根本解決這個議題。讓時間環境變得更加從容，也能解決對資源的消費。

參、產業結構：從工業化走向韌性化

　　產業化是決定時代發展的基本構造。在農耕社會，地方的土地是最大「財富源泉」，所以當時政府最大財政來源乃是土地稅。生產活動基本上在相對較小規模的地方區域就能完成。

　　隨著工業化時代到來，鋪設鐵路、隧道，建設工廠及發電站等大多數活動者需要超過「地方」空間去規劃和投資，因此國家便成了「主體經濟的最佳空間單位」，企業成為生產主體，所得稅乃成為稅收的核心。

　　接著從金融化開啟訊息化的全球化時，政府鬆綁法規及稅收，意味著經濟的「最佳單位」已轉移到全球層面，跨國的世界市場形成了，政府的功能從管理主義走向企業主義，消費稅成為稅收的核心來源。惟全球化議題大都牽涉全球治理，政治發展仍停留在「國家」層級，以致經濟金融化（經濟證券化）、產業貿易化（貿易是全球訊息體系的核心）、治理企業化（跨國企業形同租界），發生了虛擬金融放大膨脹，城市群島效應，人們意識到環境與資源的制約及其有限，開始向社區和自然環境和自然才是最終的「財富源泉」。

　　也就是說，隨著經濟結構的變化，解決問題的空間單位轉到地方

的領域，從這一點來看，地方化將成為無法避免的課題。

如果説以工業化、訊息化和金融化為核心的「擴張和增長」時代是「從區域起飛」的時代，那麼今後的發展方向就是向「地方和自然」著陸。

2023 年在疫情解封之後，全球掀起一股風潮，表演從線上延伸到線下，實體娛樂爆量，大家被壓抑反撲渴望接觸，高雄市的演唱會一場一場辦，從劉若英到盧廣仲，從國內到海外，帶動娛樂周邊產業，包括交通、餐飲、飯店住宿的業績。

另外表演內容也有了新噱頭，基本上是網紅經濟延燒，網上一些新玩意實地表演，比如 2023 年 7 月台北小巨蛋《拳上 2023 終於之戰》拳擊賽，捧紅格鬥娛樂，不論勝敗，雙方荷包都賺得滿滿。

線上線下的整合，提升消費者體驗也是在地化的趨勢之一。

第四節 地方創生與創意城市

在去工業化的過程，地方的發展機會是在經濟再結構中透過產業介面的配置聯繫到全球化的脈中。第一種方式，致力成為某種特殊產業分工的地位，於是提供各種誘因企圖吸引全球投資；但如果一個地方未具全球或區域的網絡節點位置，則須依賴地方行銷的運作來提升具在全球網絡的聯結力。

壹、文化休閒經濟成為地方再生力量

未來兩項產業將愈加主導世界經濟：保險及休閒娛樂。

投保：保障未來的不測，補足社會福利制度。

娛樂：為了避難岌岌可危的處境，每個人都想排遣，也就是
遠離現在，對現在採取自我保護。

全球化後世界區分為生產與消費網絡，而經濟發展基礎，則從投
資、消費，到符號帶動。

Jean Baudrilland (1998)消費文化理論的論證「要成為消費的物品，
物品必須成為符號」。符號在理解文化經濟學上的重要性在於，一方
面消費的目的在於消費符號，而另一方面消費商品的生產是在創造符
號價值。須注意的是，符號與符號之間的差異決定物品的符號價值。

David Harvey 即指出：「一地的《文化》的理念之所以越來越和
這些壟斷力量的嘗試糾結在一起，正因為其獨特性真實性的宣稱，可
以最好地展現為特殊且無法複製的文化宣稱」（王志弘，2003）。因此，
一地或一物的「文化」，就經濟邏輯而言是全球資本主義體系下確保
可獲得經濟利益的重要元素。

在全球激烈競爭的背景下，地方營銷（place marketing）與定位
（positioning）日益重要，文化和休閒經濟價值不斷提高，從本質上講，
休閒是後現代世界的產品，地方或城市則是建造起來的消費產物。

貳、地方創生成為後全球化時代的振興策略

地方創生是面對全球經濟衰退帶來緊縮環境下地方因應的對
策，並朝地方永續發展，而且是一種文化創新。

全球化城市群島效應，跨國城市網絡取代城鄉交流，以致造成邊
緣地方鄉鎮經濟沒落，運用地方文化符號於文化商品的設計轉化，即
所謂「地方再生」。

到了後全球化時代，產業供應鏈裂解，跨國城市群島效應消退，城鄉交流再度強化，地方又找到一絲發展機會。

再加上智能化發展造成全球性通貨緊縮，資訊革命基本上是將工業技術優化的過程，然而工業革命技術幾乎都是一次性變革，數位化將這些產品進行優化，電話與智慧手機就是鮮明的例子，從經濟增長來看，很難會有大幅增長。以致造成社會削價競爭、多元所得、無退休金的情形。

因此，在後全球化時代，城市一部分失業人口回到邊緣鄉鎮，運用工業 4.0 技術重塑地方風情及產業，即所謂「地方創生」。

不論地方再生或地方創生，特別強調規劃新的資源循環模式和生活型態，發展與自然共生、折衝的技術取代征服、統治自然的技術。所有的產出，都是另一個流程的輸入，因此資源不斷循環，一個價值創造另一個價值，生生不息，使社會由減碳到脫碳，從脫碳到零碳，打造綠色永續環 。

參、創意產業和創意城市

創意城市的巧實力來於城市硬實力與軟實力相乘的溢出效果，以及隨之來的情感體驗產業。

全球化時代的特點是生產方式靈活多樣，生產地點分散，變化迅速，經濟活動以知識為基礎且富有創造力。

失去工業的城市，多以服務業為主，採取稅收減免、財政補貼、基礎設施改善，老工業空間更新以及通過節慶和地方行銷活動樹立新形象。各城市採取雷同策略，相同思路導致相類似的結果。城市之間

同質化現象越來越嚴重。

　　另一方面也面臨了全球工作崗位發生了簡單的轉移，一個城市企業區在促進經濟持續繁榮上作用不大，而且創造新工作崗位成本奇高。

　　Richard Florida（2002）在「創意新貴」乙書指出，創意人才是驅動城市發展的新主力，這一階層最主要是第四產業從業人員，包括科學家、設計師、工程師、大學研究人員，藝術家和專業人士等，一些城市創意人才愈多，經濟成長愈高，如美國華盛頓（38%）、波士頓（38%）、奧斯汀（36%），逐漸成為創新的熱土。

　　這些城市稱之為「創意城市」(creative cities)，也就是說創意階層為獨特魅力，有助於醞釀創意能力的集中，而這樣的聚集能夠帶動城市與地區的經濟成長與發展。

從虛幻到現實，從現實到夢想

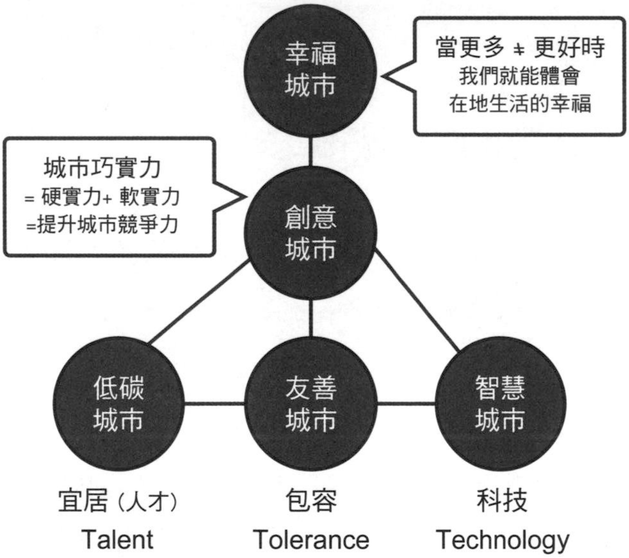

當更多 + 更好時
我們就能體會
在地生活的幸福

城市巧實力
= 硬實力+ 軟實力
=提升城市競爭力

幸福城市

創意城市

低碳城市　　友善城市　　智慧城市

宜居（人才）　　包容　　科技
Talent　　Tolerance　　Technology

圖 9-2：　創意城市內涵（資料來源：作者整理）

Florida 認為要發展成為「創意城市」取決於三個條件（3T）：科技（Technology）、人才（Talent）、包容（Tolerance）。科技是一個地區創新和高科技聚集的展現；人才是經濟發展的關鍵動力；包容則關乎一個地區或國家是否能夠開放，能夠具備調動和吸引人才的能力，包括開放性、民族、種族與職業多樣性。

　　如果把這些理念映射在具體建設則為智慧城市（科技）、低碳城市（宜居）、友善城市（包容），而創意城市則是人才 × 科技 × 包容所產生的「溢出效果」。

　　從技術面向來說，城市風貌作為社會環境發展過程的特定歷史結果。所以，塑造創意城市就是社會進程轉化為空間的引擎之一。

　　事實上，城市的物理空間與電子空間，在地與全球，兩兩之間的連結將更為密切持續，「藉由新科技的發展，我們事實上越來越勇於嘗試去真實化與去地方化的經驗。不過我們依舊在身體上與地方性的存在，我們必須思考兩種不同環境和我們的關係」。

　　因而，創意城市是「快速──慢速」、「虛擬──實體」、「理性──感性」、「自動──手動」、「動態──靜態」「大眾──小眾」、「全球──地方」、「有機──無機」、「專有──共有」間各種形式的重組與相互作用，並盡可能無縫的移動。

第五節 後全球化形成與發展

回顧 1980 年代迄今，世界面對一個重要命題：如何在當代條件下重新構想自由與平等的關係，深深影響世局的演變。

1970 ～ 1980 年，美國由於越戰軍費耗費過鉅，尼克森總統宣布廢除「布雷頓森林體系」（Bretton Woods system），停止美元和黃金兌換，解除了對貨幣流通的管制。

緊接著雷根總統、柴契爾首相捨去傳統凱恩斯主義的大政府主導福利國家政策，改行新自由主義（Neoliberalism）路線，為了增加投資意願，推動美國「史上最大規模減稅」；為了加速流通速度，放鬆政府管制並降低社會公共開支。

壹、美元武器化，主導世界秩序

「美元・美軍・石油」三位一體，成為世界軸心貨幣。

其結果製造業向高壓制、低工資地區國家移動，減少勞工在國內就業機會，加遽國內所得差距；但獲得「美元武器化」，美國藉由美元利率操作資金流向，進而吸取世界各國經濟發展成果並輸出美國經濟衰退。

在美國主導的世界裡，各國外銷到美國賺取美元，然後再用美元購買美國國債（利率 2 ～ 4%），美元又自動流回美國，可是這一機制基礎在 2008 年金融風暴被掏空。因為它需要保有美元外匯大國支持，諸如中國、俄羅斯、沙烏地、德國及日本等，但與美國確實維持

友好合作關係的只有德、日。

因此，2008 年過後世界格局從單極轉為兩極甚至是多極？！儘管美國依然是世界最強大的實體，但是在全球的權力占比卻在縮小，而且將其巨大實力轉變為實際影響力也逐漸變弱。

而且經濟情勢也在改變，一個圍繞著互聯網形成全球增長點和另一個圍繞著中國國內（城鎮化）形成的增長點聚合在一起，成為全球經濟驅動的雙引擎。

它的運作原理，大型互聯網公司圍繞現有應用程式進行探路，然後為現有應用程式添加潛在有利可圖的新服務，即將其轉化為所謂的「生態系統」。這一過程的典型策略是共享數據並構建跨平台渠道，以打通廣告商和消費之間的通路。

貳、世界舊秩序崩潰與新秩序重塑

互聯網＋和城鎮化造就中國成為世界第二。

美國網路公司雖然在這一領域領先地位，但中國政府保留國內市場給中國公司拒絕美國公司進入，Google、Facebook 等皆是。

發展結果在全球廿大網路公司，中國公司有六家，中國也是全世界最大電子商務市場，甚至臉書商業作法就是模仿騰訊的方法。

至於城鎮化及一帶一路是中國政府為了解決出口業崩潰造成勞動力過剩的唯一辦法，原本不是多麼美妙或多麼可欲的政策，只是因為這是資本逃避衰弱和貶值的最好出路，卻意外拯救 2007 至 2008 年後的全球資本體制，代價是溫室氧體排放大增。這是大氣中二氧化碳

濃度急升至 400ppm 以上的部分原因。

除了大環境外，科技創新也是從全球化走向地方化的原因之一。從 M2M（機器間通訊）、O2O（從線上到線下），以及 IOT、AR、VR 等，一脈相承都是意圖將空間數位化，其潮流正在逐漸從大樓、城市向農村等空間擴展開來。

數位化的影響也波及人類的身心層面，通過計算機，就可以解讀生物的真正身份 —— 基因的排列順序；關於如何把腦電波和生物體內的信號轉換成數位訊號和技術開發工作也在順利推進，迎來生物科學體系的進步。

資訊科技和生物科技的雙重革命，不僅可能改變經濟和社會，更可能改變人類的身體與思想。誠如全球科技趨勢大師凱文凱利（Kevin Kelly）預測「下個未來的模樣」。那是所有一切與人工智慧連接，在數位資料融合的世界誕生的擴增實境（AR）的世界——「鏡像世界」。位於不同場所的人，在地球規模的虛擬世界即時共同工作即將來臨。

參、價值創造源從全球化轉向地方化

緊縮時代的發展策略。

這個高度複雜的科技體系，要想賺錢，首先就需要進行長期的持續教育投資，這是造成少子化的根本原因。同時，也正因為這套體系的應用，又可使人們活得越來越健康，形成了高齡化社會。

在這種背景下，城市與偏鄉都面臨高齡少子化，導入年輕人加入偏鄉在地工作，創造地域生活與產業持續發展的機制，成為地方創生

的首要任務。

　　城市在邁向後工業時代發展，以生產為驅動的經濟日益衰退，而消費和知識經濟越來越重要，這種大規模的變化在各大產業中同時發生，而不僅僅體現在經濟行為的衰弱且工業崗位不斷消失。

　　這時城市經濟也開始向著資訊經濟轉變，這在本質上標識著生產要素開始從側重物質資源轉向側重訊息資源，這涉及訊息通過網距、渠道和技術進行流動。大型城市已經成了以計算機為中介的訊息流動網絡的節點。

　　對後工業時代的城市來說，要保持競爭優勢，就必須吸引和留住「創意階層人士」，成為「創意城市」。

　　未來社會是由數位空間與實體空間高度融合構建而成，基於訊息技術的產業生態系統，尤其是行政數據開放化產業的新市場及中小規模市場將成為新的產業發展空間，諸如：公交、軌道交通、出租車等交通車業出行數據、不動產經營者手裡的土地使用和建築物使用數據，電、水、煤氣等能耗數據等，在充分保護個人訊息的基礎上，將各企業內部無法消化的數據向社會開放，通過同領域的數據進行重組、合併分析，過去沒有機會的商業也有可能達到翻倍的效果，並且在提高服務地方與服務顧客水平方面，開拓新市場的可能也增加了。而基礎就在地方創生與創意城市的構建與營造。

　　後全球化時代世界變化，請參閱下圖：

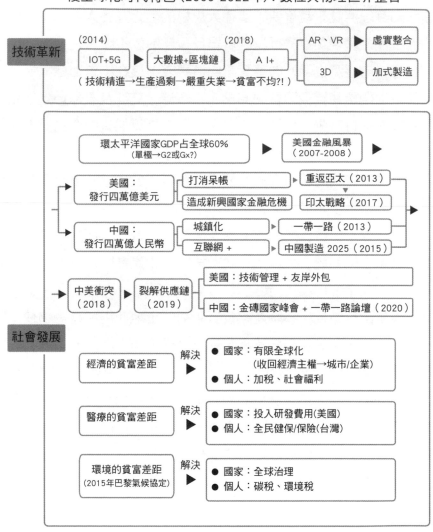

圖 9-3 後全球化時代世界變化（Ⅰ）

（資料來源：作者整理）

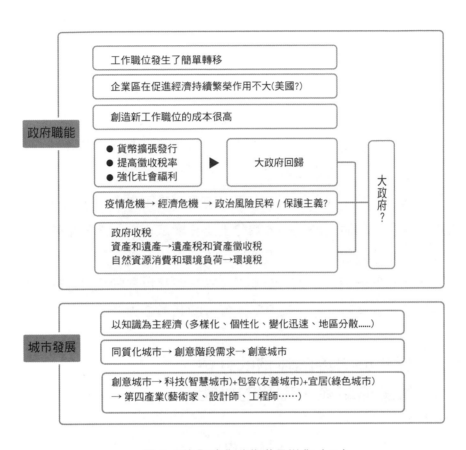

圖 9-4 後全球化時代世界變化（Ⅱ）

（資料來源：作者整理）

第六節 結語—
從物到非物，從佔有到體驗演化

後全球化時代的數位化社會效應：未來的工作將會越來越自動化，演算法將以驚人的速度處理大量訊息，好似將帶我們進入輕鬆工作的新世界。但是，在閃閃發光的表像背後，是數以百萬計的工人正在以人工一點一點地處理數據。

這個工作系統很難再創造有發展前景的新工作機會，也不再推動生產力進步；同時，廉價的人類勞工正在變成人工智慧的末端，從事最枯燥重複的外包工作，還得不到正式聘用的保障。

我們看到一個萌芽的可怕未來，本應照亮世界的工具卻有可能將我們扔進新的蒙昧之中，甚至陷入野蠻的狀態？！

壹、 對年輕人冷酷無情的社會，
情感體驗產業崛起的可能

IoT、5G、AI……為我們創造出另一種工作系統，以客戶為評價動力的市場，零工經濟的出現讓人削價競爭，為了沒有保障、沒有福利的工作搶破頭，年輕人淪為弱勢族群的年代。

另一方面，自己被人關愛的需求卻又異常強烈，在電子網路爭取「能夠收集多少高評價」或「能夠變得多有名」的「評價經濟社會」於焉形成。如智慧手機的使用，我們不感興趣的訊息很快「滑」走，反過來對喜歡的內容則會被指尖滑動放大，即可見一斑。

這種體驗喚起自我認同的感受，建構市場以商品的型態呈現，就是所謂情感體驗產業或文化創意產業，已經成為現代年輕人創業走勢，諸如開立咖啡館、旅遊業、寵物經濟、美式運動美容及文化創意等行業。

貳、 體驗經濟學取代物質經濟學，緊縮年代個人社會因應對策

　　隨著 IT 發展，訊息變得越來越重要，商品的美學文化內容才是真正的製造品，所以文化創造，意味著訊息的製造，創意變成這種製造的口號，體驗經濟學取代物質經濟學。

　　尤其跨文化交流不斷發展，帶有地方特色或個人特質的，反而更有價值。古坑的台灣咖啡節，自 2003 年開始舉行，銷售的是臺灣咖啡發展史及雲嘉南一望無際的空曠景觀。在「風情」與「風景」結合下，運用地方文化符號於文化商品轉化，成為近卅年臺灣地方再生與創生使用模式。

　　農產品是可加工製造的，而體驗是難忘的。消費者「購買體驗」是花時間享受所提供一連串身歷其境的感覺。

　　運用文化特殊性，過程差異性，來形成經濟稀有性。尤其當前訊息傳輸速度非常之快，消費者被眾多相似商品圍困，應接不暇。那麼如何讓消費者有不一樣的體驗，已從產出經濟轉向過程經濟。

參、 地方文化產業發展邏輯，
從物質邏輯到關係邏輯

物質邏輯發展會導致物質和技術的相似性，最終會帶來了價格競爭。關係邏輯，人們通過物質週邊的關係看到文化的價值，象徵價值超越使用價值與交換價值。其邏輯程序如下：

1. 產業定位與區隔

數位化秩序，讓世界變得訊息化，物的互聯網讓硬體變成了訊息的終端設備。所以創造價值的關鍵在於區隔訊息，如此一來才能在市場找到應有價值或是型塑更高價值。

2. 產業型塑文化加值

所謂產業型塑，就是建立地方文化產業的獨特銷售論點。

通常運用當地文化，故事崁入產品中，一個地方的歷史也就變成了剩餘價值的來源。

第一階段：是如何把原始的「文化資料」賦予意義；經由「資訊加值」成為有用的「設計資訊」；再經由分析歸納，透過「知識加值」變成可用的「創意知識」，形成有價值的「智慧財產」。

3. 跨領域整合

「地方文化產業」是一種強調「生活氛圍」的體驗產業，包括親身娛樂、教育與美學體驗在內。誠如 Pine&Gilmon 所言「形形色色不

同的生活經驗，他們就更易強調自已的獨特性質，而不必按通常的競爭所形成的市場價值定價，而是基於他們所提供的獨特價值收取更高的費用」。

4. 節慶活動，數位口碑與地方行銷

地方化產業通常以節慶方式來強化魅力，或透過網路來傳播傳奇，讓觀光客從中體驗民情，並滿足對文化好奇心，休閒經濟收入也跟著增加。

從上述推演可知，地方再生是在去工業化、金融全球化的地方因應策略，著重地方再發展，推動方式主要有都市更新與文化創意產業；地方創生則是後全球化時代地方的回應策略，著重永續發展與韌性地方，發展方式為創意城市、情感體驗產業及文化創新等。

跋

　　本書之所以能夠面世，要特別感謝我的精神導師兼同窗，世界禪者洪啟嵩大師的勉勵與督促，彭婉甄居士居中聯繫以及詹育涵小姐無厭地協助整理、莊慕嫻小姐細心校正、張育甄小姐妙手編輯為本書增益許多，謹此致上最誠摯謝意！

　　本書內容是作者從 2000 年迄今的工作經驗與心路歷程一些心得紀錄，主要談的是，地方在面對全球化到後全球化的因應對策，包括 PPP（BOT、PFI）討論，文化觀光似乎成為後現代的產品，城市更新與可持續社會的建構成了政府責任。

　　個案討論則是作者在雲林縣任職期間規劃「古坑──台灣咖啡的原鄉」乙案的紀錄與檢討，提出了地方文創業推動的五個步驟，希祈能對社會有所參考價值。

　　最後思考「從全球化到地方化」的議題，地方再生與創生，低碳與零碳，地方經濟與永續發展企圖聯結，進而探討人類可能的下一步？！我思考的原點，就如約翰‧蕙提爾（John Whittier）的詩〈會見〉（The meeting）的詩句所言：

只尋求自己得救是尋不到的，
單獨被拯救的，其靈魂是失落的。
罪惡是我們自己去做的，
痛苦只有我們自己來承受，
停止錯誤只有靠我們自己，
要變成純潔只有靠我們自己。
除了自己沒有人可以救我們，
沒有人能也沒有人會；
我們自己必須走上正道；
佛陀只不過指示了道路。

許銘文

參考文獻

壹、中文部份

※ 丁致成，2002。《城市多贏策略－都市計畫與公共利益》，台北：創興出版社。

※ 丁肇全，2007。《完成不可能的任務－創意行銷企劃》，《公訓報導》，96 年 3 月。

※ 于國華，2003。《文化、創意、產業－十年來台灣文化政策中的「產業」發展》，《典藏‧今藝術》，第 128 期，頁 46。

※ 中華民國景觀協會，2001。《台灣咖啡的原鄉－雲林縣斗六、古坑震災地區災後重建策略之實質計畫》，雲林縣政府委託研究案，未出版。

※ 中國社會學科學研究會，2002。《全球化下的中國與日本》，北京：社會科學文獻出版公司。

※ 王志弘，2006。〈都市社會運動與文化治理：1990 年代迄今的台北經驗〉，行政院國科會專題研究計畫（計畫編號：NSC94-2412-H-128-004-）成果報告。

※ 王建元，2003。《文化後人類》，台北：書林出版公司。

※ 王振寰著，1996。《誰統治台灣》，台北：巨流圖書公司。

※ 古坑鄉公所，2004。《發現台灣咖啡的故鄉‧古坑》，古坑：古坑鄉公所。

※ 古坑鄉公所，2008。〈認識古坑－人口統計〉，引自古坑鄉公所網站。

※ 白美女，2006。《古坑咖啡傳奇－地方品牌化之分析》，國立臺灣師範大學地理學系碩士論文。

※ 尹鴻、蕭志偉，2001。〈好萊塢的全球化策略與中國電影發展〉，引自 www.Intermaigins.net/Fourm/2004/hollywood/h013.htm。

※ 司徒達賢，2005。《策略管理訴論》，台北：智勝文化公司。

※ 台灣經濟研究院，2003。《地方政府開闢自主財源之研究》，台北：行政院研考會。

※ 朱敬一，2008。《朱敬一講社會科學》，台北：時報文化公司。

※ 江大樹、廖俊松，2001。《府際關係與震災重振》，台北：元照出版公司。

※ 江啟臣，2003。《國際關係總論》，台北：楊智。

※ 江岷欽、孫本初、劉坤億，2003。《地方政府間策略性夥伴關係建立之研究》，台北：台北市政府研考會。

※ 老槍，2007。《中國城市口水戰》，北京：當代中國出版社。

※ 何春蕤，1994。〈台灣的麥當勞化─跨國服務業資本文化邏輯〉，《台灣社會研究季刊》，第 16 期，頁 1-20。

※ 成功大學都市計畫系，2000。《雲林縣綜合發展計畫》，斗六：雲林縣政府。

※ 吳思華，2004。《文化創業化思維（5）》，《典藏雜誌》第 135 期，頁 116

※ 吳迎春，2003。〈與世界接軌─地方競爭力的崛起〉，《天下雜誌》，第 280 期，頁 100-104。

※ 吳英明、張其祿，2006。《全球化公共管理》，台北：商鼎文化出版社。

※ 吳綱立，2003。〈從建構全球地方化永續農村地景的角度，論台灣非都市土地開發審議制度在管理鄉村農地及地景資源上的角色〉，《全球衝擊與鄉村調適研討會論文集》，頁 653-670。

※ 呂育誠，2007。《地方政府治理概念與落實途徑之研究》，台北：元照出版公司。

※ 宋學文，2003。〈全球化對我國公共政策研究之影響〉，《行政管理論文選輯》，台北：銓敘部。

※ 宋學文，2004。〈全球化與全球治理之互動之模型分析：以人文與社會科學之「科際整合」為例〉，《理論與政策》，第 17 卷，第 3 期，頁 59-75。

※ 宋學文，2004。〈非政府組織 (NGOS) 在全球治理中之機會與限制：一個政治學的觀點〉，《中國行政評論》，第 13 卷，第 1 期，頁 127-158。

※ 宋學文、陳鴻基，2002。〈從全球化探討網際網路時代的政策管理〉，《資訊管理學報》，第 8 卷，第 2 期，頁 153-173。

※ 宋學文，2001。〈全球化與全球治理對我國公共政策研究之影響：並兼論對

兩岸關係研究之意涵〉,《中國大陸研究》,第 44 卷,第 4 期,頁 1-31。

※ 李丁讚、林文源,2003。《社會力的轉化:台灣環保抗爭的組織技術》,《台灣社會研究季刊》,第 52 期,頁 75-119。

※ 李永展,2006。《永續城鄉及生態社區理論與實務》,台北:文笙書局。

※ 李永展,2004。《永續發展策略》,台北:詹氏書局。

※ 李長晏,2006。〈地方治理的問題認定與制度重建〉,《我國地方自治發展的議題與前瞻學術研討會》,行政院內政部、台北大學公共行政與政策學系主辦。

※ 李琮,2005。《經濟全球化新論》,北京:中國社會科學出版社。

※ 李傳軍,2007。《管理主義的終結—服務型政府興起的歷史與邏輯》,北京:中國人民大學。

※ 李靜慧,2008。〈藝術節做為地方行銷的可能性與限制〉,《文化‧地方‧藝術節研討會手冊》,宜蘭:仰山文教基金會。

※ 沈清松,2003。〈歷史性、文化空間與文化產業〉,《哲學雜誌》,第 38 期,頁 26-36。

※ 辛晚教、古宜靈、廖淑蓉,2005。《文化生活圈與文化產業》,台北:詹氏書局。

※ 辛晚教、周志龍,2003。《全球化趨勢下文化產業園區發展策略之研究》,台北:行政院經建會。

※ 周志龍,2001。〈全球化與地方發展〉,〈都市與計畫〉,第 28 卷,第 4 期,頁 368。

※ 周志龍,2002。〈全球化,國土策略與台灣都市變遷〉,《都市計劃》,第 29 卷,第 4 期,頁 491-512。

※ 周志龍,2002。《全球化,台灣國土再結構與制度》,台北:詹氏書局。

※ 周志龍,2004。〈台灣新都市主義與都市規劃的挑戰〉,《都市計劃》,第 31 卷,第 3 期,頁 195-213。

※ 周志龍,2006。《世界都市競爭策略與產業》,台北:詹氏書局。

※ 周桂田,1990。〈全球化與全球在地化－現代的弔詭〉,〈中央日報〉,引自 www.tku.edu.tw/~tddx/centen/link/grobole-and-ginland.htm。

※ 周麗蘭，2003。《古坑，偶然相遇》，斗六：雲林縣政府。

※ 周慧玲，2002。〈田野書寫、觀光行為與傳統再造：印尼峇里與台東「布農部落」的文化表演比較研究〉，《台灣社會學刊》，第 28 期，頁 77-144。

※ 汪民安、陳永國、馬海良，2008。《城市文化讀本》，北京：北京大學出版社。

※ 林建元，2004。《都市計劃的新典範》，台北：詹氏書局。

※ 林崇傑、陳宇進、陳惠婷、盧維屏，1996。《市民的城市》，台北：創興出版社。

※ 林欽榮，2006。《城市空間治理的創新策略－三個台灣首都城市案例評析：台北、新竹、高雄》，台北：新自然主義。

※ 林榮泰，2006。〈文化創意加值社區產業－文化創意‧社區營造‧生活設計‧行銷台灣〉，《2005－2006 台灣優社區產業論述專輯》，台北：中華民國社區營造協會。

※ 邱明民，2006。《社區營造與社區協定—日本經驗》，台北：行政院文建會。

※ 門洪華，2007。《中國：軟實力方略》，杭州：浙江人民出版社。

※ 洪順慶，2006。《台灣品牌競爭力》，台北：天下雜誌公司。

※ 洪萬隆，2006。〈有節慶沒文化〉，中國時報言論版（95 年 2 月 19 日）。

※ 洪顯政，2007。《文化事件與地方主題化：理論與實務》，《文化創意 台灣魅力：臺灣文化創意產業的議題與對策》，苗栗：苗栗縣政府。

※ 紀俊臣，2007。《都市及區域治理》，台北：五南圖書公司。

※ 胡寶林，2006。《公共藝術空間新美學》，台北：藝術家出版社。

※ 高有智、何博文，2006。〈全台飆節慶專題〉，中國時報 A6（95 年 3 月 6 日）。

※ 高清愿，2007。〈向一流的對手學習〉，《飲食全球化》，頁 4-7，台北：早安財經文化。

※ 夏鑄九，2004。《區域合作—以台北縣市為例》，台北：台北市政府研考會。

※ 孫治本，2001。《全球化與民族國家挑戰與因應》，台北：巨流圖書公司。

※ 孫煒，2007。《第三部門的治理研究》，台北：翰蘆圖書公司。

※ 徐進鈺，2000。〈全球化經濟中的地方黏性：台北－新竹區域高科技發展的全球在地化〉，行政院國科會專題研究計畫 (計畫編號：NSC89-

2415-H-003-007-) 成果報告。

※ 徐進鈺、鄭陸霖，2001。〈全球在地化的地理學：跨界組織場域的統理〉，《都市與計畫》，第 28 卷，第 4 期，頁 391-411。

※ 時報文化教基金會，2008。《知識份子的省思與對話》，台北：時報文化教基金會。

※ 時報文教基金會，2007。《面對公與義─全球化下的發展與分配》台北：時報文教基金會。

※ 張昕，2007。《轉型中國的治理與發展》，北京：中國人民大學。

※ 張家銘、徐偉傑，1999。〈全球化概念的發展：一個發展社會學脈絡的考察〉，《東吳社會學報》，第 8 期，頁 79-121。

※ 張淑芬、程永雄、徐信次、朱慶國，2006。〈台灣咖啡之介紹〉，《農業試驗所技術服務》，第 67 期。

※ 郭正林，2004。〈城市管理創新導向：從政府管理到公共治理〉，引自 http://www.umcollege.com/xb/040101.htm。

※ 郭百修，1999。《地方文化產業機制之研究》，台北：台北大學都市計劃研究所碩士論文。

※ 郭為藩，2006。《全球視野的文化政策》，台北心理出版社。

※ 郭曜棻，2007，《全球化與地方文化產業之壟斷邏輯》，台北：師大書苑。

※ 郭鑒，2008。《吾地吾民─地方文化產業研究》，杭州：浙江大學出版社。

※ 陳其南，1996。〈地方文化與區域發展〉，《地方文化與區域發展─研討會論文集》，頁 1-9，台北：行政文建會。

※ 陳志民、劉淑惠，2005。《全球化與政府治理》，台北：韋伯文化公司。

※ 陳其南，1995。〈社區營造與社區意識〉，《台北市市民講座》(23)，頁 103-115，台北：台北市社會教育館。

※ 陳林，2004，《非營利組織法人治理》，台北：洪葉文化公司。

※ 陳姿伶，2008。〈個案研究法〉，引自 http://www.extension.org.tw/book/02-92-1.9doc。

※ 陳國川，2002。〈縣民與區域特色〉，載於施添福等主編：台灣地名與辭典卷九雲林縣（頁 1-77），台北：國史館台灣分館。

※ 陳博志，2004。《台灣經濟戰略—從虎尾到全球化》，台北：時報文化公司。

※ 陳德昇，2005。《經濟全球化與台商大陸投資策略、佈局與比較》，台北：晶典文化出版社。

※ 陳慶華主編，2005。《農情覓憶－十五篇扣人心弦的農業故事》，台北：行政院農委會。

※ 許銘文，2012。《古坑 咖啡 夢》，台中：台灣地方特色產業協會。

※ 許銘文，2017。《我國公共建設投資決策問題與改進之研究》，台北：作者自刊。

※ 曾仲榮，2007。《香港，誰邊緣化了妳？》，香港：經濟日報出版社。

※ 楊伯漵，2002。《全球化：起源、發展與影響》，北京：人民出版社。

※ 楊深耕，2006。《地方文化產業的理論內涵分析：歷史社會學與文化經濟學視角》，《文化研究月報》，第 59 期。

※ 楊敏芝，2001。《地方化產業與地域活化互動模式之研究－以埔里酒場文化產業為例》，台北：台北大學都市計劃研究所博士論文。

※ 黃瑞祺，2004。〈現代性、全球化和傳統文化〉，《全球化下台灣產業的反思》，頁 2-9，台北：中國文化大學推廣教育部。

※ 黃煌雄、郭石吉、林時機，2001。《社區總體營造總體檢調查報告書》，台北：遠流出版公司。

※ 黃錦堂，2003。《論地方自治團體間合作》，《膽法學雜誌》，第 93 期。

※ 黃錦堂，2005。《行政組織法論》，台北：翰蘆圖書公司。

※ 黃瓊荻，2005。《進出全球化—當前台灣現身策略各評述》，台北：翰蘆圖書公司。

※ 黃麗玲，1995。《新國家建構過程中社區角的轉變—「生命共同體」之論述分析》，台北：台灣大學建築與城鄉研究所碩士論文。

※ 葉智魁，2002。《發展的迷思與危機－文化產業與契機》，《哲學雜誌》第 38

期，頁 17-18。

※ 經濟部工業局，2006。《2005 年台灣文化創意產業發展年報》，台北：經濟部。

※ 楊汝萬、沈建法，2005。《泛珠三角與香港互動發展》，香港：香港中文大學。

※ 葉嘉楠，2005。《政府再造的理論與實務：組識精簡與分權政府》，台北：韋伯文化公司。

※ 趙永茂，2001。〈英國的府際關係〉，《中國地方自治》，第 54 卷，第 7 期，頁 4-23。

※ 趙永茂，2002。〈府際關係與跨域管理的發展方向〉，台北：新台灣人基金會，新野座談會，頁 1-9。

※ 趙永茂、孫同文、江大樹，2002。《府際關係》，台北：元照出版社。

※ 趙永茂、孫同文、江大樹，2002。，《雲林縣政府府際管理策略之研究》，台灣大學雲林校區籌備處委託研究計畫。

※ 趙永茂，2003。〈台灣府際關係與跨域管理：文獻回顧與策略途徑出探〉，《政治科學論叢》，第 18 期，頁 53-70。

※ 趙永茂，2007。〈英國地方治理的社會建構與發展困境〉，《歐美研究》，第 37 卷，第 4 期，頁 593-633。

※ 趙永茂，2007。〈從地方治理論臺灣地方政治基本問題〉，《政治科學論叢》，第 31 期，頁 1-38。

※ 廖石，2001。〈從都市企業主義的觀點探討在全球過程中的城鄉均衡發展課題〉，《都市與計畫》，第 28 卷第 2 期，頁 155-170。

※ 廖俊松，2007。〈從網絡治理觀點觀察重建區總體營造計畫之執行〉，《政策研究學報》，第 7 期，頁 35-64。

※ 劉介修，2007。〈超越文化商品化的邏輯：社區文化產業的幾點思考〉，引自 http://hi-taiwan.ecserver.com.tw/eip/front/bin/pteletail.phtml?Category=100281&Part=Submit...

※ 劉宜君，2001。〈全球化與國家財政職能的轉換〉，《競爭力評論》，第 4 期，頁 11-32。

※ 蒼井夏樹，2007。《創意 @ 東京》，台北：方智出版社。

※ 劉長樂，2003。《再造香港─振興香港經濟的思考》，香港：三聯書店。

※ 劉阿榮，2007。《都市治理與地方永續發展》，台北：揚智圖書公司。

※ 劉阿榮、王佳煌、鄧毓浩、洪泉湖主編，2007。《華人文化圈的公民社會發展》，台北：韋伯圖書公司。

※ 劉兆隆，2008。〈地方治理與管制革新〉，《地方自治與民主發展：2008 年選後的台灣政治學術研討會》，東海大學政治系主辦。

※ 劉坤億，2003。〈地方治理與地方政府角色職能的轉變〉，國立空中大學 空大行政學報，第 13 期，頁 233-268。

※ 劉坤億，2006。〈臺灣地方政府間發展夥伴關係之制度障礙與機會〉，臺灣民主季刊，第 3 卷第 3 期，頁 1-34。

※ 劉維公，2000。〈全球文化與在地文化的「連結」(connection) 關係：論日常生活取向的文化全球化研究〉，《台大社會學刊》，第 28 期，頁 189-228。

※ 劉維公，2001。〈當代消費文化社會理論的分析架構：文化經濟學、生活風格與生活美學〉，《東吳社會學報》，第 11 期，頁 113-136。

※ 劉維公，2006。《風格社會》，台北：天下雜誌。

※ 劉維公，2007。《風格競爭力》，台北：天下雜誌。

※ 蔡宜恬，2008。《古坑咖啡文化創意產業之魅力因子》，國立雲林科技大學工業設計系碩士論文。

※ 蔡昭儀，2004。《全球古根漢化效應》台北：典藏藝術永庭公司。

※ 蔡厚男、呂慧穎，2001。《建構地方發展關聯產業鏈與其永續經營模式之研究－以茶葉、茶藝與茶鄉結合模式為例》，台北：行政院經濟建設委員會。

※ 鄭千鈺、黃姝妍，2007。《創意慢活：泰國美學產業價值的源頭》，台北：城邦文化公司。

※ 顏亮一、許肇源、林金城，2008。〈文化產業與空間重構：塑造鶯歌陶瓷文化城〉，《台灣社會研究季刊》，第 71 期，2008 9 月。

※ 蕭富元、楊艾俐，2004。《訪問未來─十一位大師解讀趨勢》，台北：天下雜

誌。

※ 薛曉源、陳家興，2007。《全球化與新制度主義》，台北：五南圖書公司。

※ 羅時瑋，2006。《地方前進》，台中：東海大學建築研究中心。

※ 譚鴻仁，2007。〈關係空間與鄉村發展—以龍潭椪風茶產業為例〉，《地理學報》，第 50 期。

貳、外文翻譯部分

※ 大前研一著，黃柏棋譯，1996。《無國界的世界》，台北：聯經。

※ 大前研一著，李宛蓉譯，1996。《民族國家的終結》，台北：立緒。

※ 大前研一著，吳玉玲譯，2000。《.com 風暴》，台北：藍鯨出版公司。

※ 大前研一著，王德玲、蔣雪芬譯，2001。《看不見的新大陸—知識經濟的四大策略》，台北：天下雜誌。

※ 大前研一著，顧淑馨譯，2005。《全球舞台大未來》，台北：台灣培生教育出版公司。

※ 三井物產戰略研究所著，楊明珠譯，2003。《城鄉總體營造之路》，台北：中國生產力中心。

※ 丹麥文化部，貿易產業部著，李璞良、林怡君譯，2007。《丹麥的創意潛力》，台北：典藏藝術家庭公司。

※ 日下公人著，倪心一譯，1994。《無摩擦的輸出：文化產業的國際化之路》，台北：錦繡。

※ 日本經濟新聞社，1997。《世界經濟大未來》，台北：牛頓出版公司。

※ 木神原英資著，戴文彪譯，2007。《吃遍世界看經濟》，台北：財訊出版公司。

※ 吉野正治著，陳湘琴譯，2008。《社區總體營造》，台北：詹氏書局。

※ 竹中平 著，王瑤英譯，2001。《魅力型經濟》，台北：藍鯨出版公司。

※ 西村幸夫著，王惠君譯，1997。《故鄉魅力俱樂部—日本十七社區營造故事》，台北：遠流出版公司。

※ 村上隆著，江明玉譯，2007。《藝術創業論》，台北：城邦文化公司。

※ 里斯本集團著，薛絢譯，2001。《競爭的極限》，台北：正中。

※ 黑田篤郎著，宋昭儀、李弘元譯，2002。《中國製造：揭開「世界之廠」的真相》，台北：城邦文化。

※ 廣井良典著，張玲譯，2021。《後資本主義時代》，成都：四川人民出版社。

※Anne Case & Anguo Deaton 著，楊靜嫻譯，2020。《美國怎麼了》，北京：中信出版集團。

※Anthony Giddens 著，鄭武國譯，1999。《第三條路：社會民主的更新》，台北：聯經。

※Anthony Giddens 著，黃瑞祺編，2005。《全球化與第三條路─紀發斯在台灣》，台北：松慧公司。

※Catherine Kapura 著，賴則先譯，2007。《我，就是品牌》，台北：高寶公司。

※Craig Addison 著，金碧譯，2001。《矽屏障》，台北：商智文化。

※Dan Schiller 著，翟秀鳳譯，2018。《信息資本主義的興起與擴張》，北京：北京大學出版社。

※David Harvey 著，王志弘譯，1993。〈時空之間─關於地理學想像的省思〉，《空間的文化形式與社會理論讀本》，頁 47-79，台北：明文。

※David Harvey 著，王志弘譯，2003。〈地租的藝術：全球化、壟斷與文化的商品化〉，《城市與設計》，第 15、16 期，頁 1-22。

※David Harvey 著，余莉譯，2008。〈從管理主義到企業主義：晚期資本主義城市治理的轉型〉，《城市文化讀本》，頁 2-13，北京：北京大學出版社。

※David Held & Anthony McGrew 著，林祐聖、葉欣怡譯，2005。《全球化與反球化》，台北：弘智。

※David Held 、 Anthony McGrew、David Goldblatt & Jonathan Perraton 著，沈宗瑞、高少凡、許湘濤、陳淑鈴譯，2001。《全球化大轉變：全球化對政治、經濟與文化的衝擊》，台北：韋伯文化。

※David Hesmondhalgh 著，廖佩君譯，2006。《文化產業》，台北：韋伯文化公司。

※David Osborne & Ted Gaeblen 著，劉毓玲譯，1993。《新政府運動》，台北：天

下文化。

※David S Landes 著，汪仲譯，2001。《新國富論》，台北：時報。

※Francis Fukuyama 著，李永熾譯，1993。《歷史之終結與最後一人》，台北：時報。

※HARRISON, LAWRENCE E 著、2003。《為什麼文化很重要》，台北：聯經。

《INSIGHT Guide- 越南》，1994，台北：台灣英文雜誌社。

※Jean Baudrillard 著，黃恆正譯，1988。《符號社會的消費》，台北：遠流。

※Jean-Pierre Warnier 著，吳錫德譯，2003。《文化全球化》，台北：麥田。

※Joel Kotkin 著、賈士蘅譯，1994。《全球族：種族、宗教及文化認同對全球經濟競爭力的影響》，台北：聯經。

※John Micklethwait & Adrian Wooldridge 原著，高仁君譯，2002。《完美大未來：全球化的機遇與挑戰》，台北：城邦。

※John Tomlinson 著，陳慧慈譯，2005。《全球化與文化》，台北：韋伯文化。

※John Urry 著、葉浩譯，2007。《觀光客的凝視》，台北：書林出版公司。

※Jon Pierre & Guy Peters 著，謝宗學、劉坤億、丁中原譯，2001。《治理‧政治與國家》，台北：智勝。

※Joseph E. Stiglitz 著，李明譯，2002。《全球化的許諾與失落》，台北：大塊文化。

※Joseph pine Ⅱ & James Gillmore 著，夏業良、魯煒譯，2003。《體驗經濟時代》，台北：經濟新潮社。

※Joseph S Nye Jr 著，吳家恆、方祖芳譯，2006。《柔性權力》，台北：遠流。

※Joseph S Nye Jr 著，蔡來杰譯，2002。《美國霸權的矛盾與未來》，台北：左岸。

※Leo van den Berg，Erik Braun and Alexander H.J. Otgaar 著，沈體雁、楊開忠、高瑩瑩譯，2006。《體育與城市營銷》，：東方出版社。

※Lester C. Thurow 著，蘇育琪、陳景蔚、鄭新嘉譯，2003。《勇者致富—全球化：在拒絕與接受之間》，台北：天下雜誌。

※Kenneth Pomeranz & Steven Topik 著，黃中憲譯，2007《貿易打造世界—社會、文化、世界經濟，從 1400 年到現在》，台北：大雁文化。

※Manuel Castells 著，夏鑄九譯，1998。《網路社會之崛起》，台北：唐山。

※Mark Pendergrast 著，韓懷宗譯，2000。《咖啡萬歲──小咖啡如何改變大世界》，台北：聯經。

※Michael Porter 著，李名軒等譯，1996。《國家競爭優勢》，台北：天下。

※Michael Porter 著，李名軒、邱如美譯，1999。《競爭優勢》（上），台北：天下遠見。

※Michael Woodin & Caroline Lucas 著，鄧伯宸譯，2005。《綠色全球宣言》，台北：立緒。

※Pankaj Ghemawat 著、資訊傳真譯，2001。〈誰說距離不是問題〉，工商時報 34 版（90 年 11 月 21 日）。

※Peter Drucker 著，傅振焜譯，1994。《後資本主義社會》，台北：時報。

※Peter Drucker 著，周文祥、慕心譯，1995。《巨變時代的管理》，台北：中天。

※Peter Drucker 著，劉真如譯，2000。《下一個社會》，台北：商周。

※Peter L. Berger & Samuel P. Huntington 著、王柏鴻譯，2002。《杭廷頓 & 柏格看全球化大趨勢》，台北：時報。

※Philip Kotler 著、鄒繼礎譯，2000。《國家行銷》，台北：遠流。

※Philip Kotler 著、郭思婷譯，2007。《科特勒談政府如何做行銷》，台北：培生。

※Philip Kotler 著、陳就學、許丁宦著，溫瑞芯譯，2007。《科特勒帶你發現新亞洲──九大策略，行銷到東協》，台北：聯經。

※Richard Florida 著，鄒應瑗譯，2003。《創意新貴》，台北：寶鼎。

※Richard Florida 著，傅振焜譯，2006。《創意新貴 II：城市與創意階級》，台北：寶鼎。

※Robert Gilpin 著，楊光宇、楊炯譯，2004。《全球資本主義的挑戰：二十一世紀世界經濟》，台北：桂冠。

※Samuel P. Huntington 著，黃裕美譯，1997。《文明衝突與世界重建》，台北：聯經。

※Thomas L. Friedman 著，蔡繼光、李振昌、雷達文譯，2000。《了解全球化：凌志汽車與橄欖樹》，台北：聯經。

※Thomas L. Friedman 著，楊振富、潘勛譯，2005。《世界是平的》，台北：雅言。

Ulrich Beck 著，孫治本譯，1999。《全球化危機》，台北：商務。

※Vincent Bastien & Jean-Noël Kapferer 著，謝綺紅譯，2014。《奢侈品戰略》，北京：機械工業出版社。

※Wayne Ellwood 著，王柏鴻譯，2002。《全球化反思—粉破假面經濟繁榮》，台北：書林。

※ZBIGNIEW BRZEZINSKI 著，郭希誠譯，2004。《美國的抉擇》，台北：左岸。

參、外文部分

※Frannie Leautien(2006)."Cities in a Globalizing World:Goveinance,Performance,and Sustainalility",Washington.:The World Bank.

※Nye, J. S. Jr. (2002). The Paradox of American Power: hy the World Only Superpower Can Go It Alone. New York: Oxford University Press.

※Peter Korl Kresl & Ni Pengbei (2006) Competitiveness: Challenges to the World City Network Beijing: Social Sciences Academic PRESS.

※Ritzen, Geonge. (2004) The McDonaldization of Society, London: Sage publication.

※Robertson, Roland. (1992). Glabalization, London: Sage publications.

※Stoker, Gerry. (1998) " Governance as Theory: Five Propositions" International Social Science Journal, 115, PP117-28.

※UNESCO.（2000）What do we understand by Culture industries ？ In "Culture trade and globalization" 引自 http://www.unesco.org/culture/industries/trade/index.shtml.

※WTTC.（2008）"The 2007 Travel & Tourism Economic Rexerch", 引自 WTTC 網站

作者簡介

許銘文 Ming-Wen Hsu

國立成功大學建築學博士、美國哈佛大學建築研究所國際訓練專班結業，曾擔任雲林縣政府工務局長、財團法人台灣建築中心執行長等職，曾規劃及籌辦「第一屆古坑台灣咖啡節」（2003 年）、「第一屆智慧城市展論壇」（2014 年），並於各大學任教，著有《古坑 咖啡 夢》（台灣地方特色產業協會，2012）、《我國公共建設投資決策問題與改進之研究》（作者自刊，2017）、《全球化下地方文化產業營造機制的建構》（上海復旦大學，2013）、《21 世紀建築贏的策略》（北京全國建築經理人協會，2014）等書。

The Path from Local Regeneration
to Regional Revitalization

從地方再生到
地方創生之路

—— 文創產業發展邏輯

The Development Logic of the Cultural and
Creative Industries

作　　　者	許銘文
發　行　人	龔玲慧
責任編輯	彭婉甄
執行編輯	莊慕嫻
美術編輯	張育甄

出　　　版　覺性地球文化事業有限公司
　　　　　　發行專線：(02) 2219-0898

門　　　市　新北市新店區民權路 88-3 號 8 樓
　　　　　　訂購專線：(02) 2219-8189
　　　　　　大量訂購專線：(02) 2913-2199
　　　　　　傳真專線：(02) 2913-3693
　　　　　　E-mail:EEarth2013@gmail.com
　　　　　　http://www.buddhall.com

行銷代理　紅螞蟻圖書有限公司　電話：(02) 2795-3656
　　　　　　台北市內湖區舊宗路二段 121 巷 19 號

製　　　版　瑞豐實業股份有限公司

初版一刷　2024 年 3 月
定　　　價　新台幣 400 元
978-626-98054-0-2（精裝）

國家圖書館出版品預行編目 (CIP) 資料

從地方再生到地方創生之路：文創產業發展
邏輯 = The Path from Local Regeneration to
Regional Revitalization : The Development
Logic of the Cultural and Creative Industries
/ 許銘文作 . -- 初版 . -- 新北市：覺性地球
文化事業有限公司, 2024.03
　　面；　公分 . -- (創意地球；2)
ISBN 978-626-98054-0-2(精裝)
1.CST: 文化產業　2.CST: 產業發展

541.29　　　　　　　　　　　113002129

00400

9 786269 805402